张知愚 —— 著

品牌定位通识

图书在版编目（CIP）数据

品牌定位通识 / 张知愚著 . —北京：机械工业出版社，2023.11
ISBN 978-7-111-74146-6

I. ①品… II. ①张… III. ①品牌 – 企业管理 – 研究 IV. ① F273.2

中国国家版本馆 CIP 数据核字（2023）第 204055 号

机械工业出版社（北京市百万庄大街 22 号　邮政编码 100037）
策划编辑：谢晓绚　　　　　责任编辑：谢晓绚
责任校对：王乐廷　许婉萍　责任印制：常天培
北京铭成印刷有限公司印刷
2024 年 1 月第 1 版第 1 次印刷
170mm×230mm·15.5 印张·1 插页·205 千字
标准书号：ISBN 978-7-111-74146-6
定价：79.00 元

电话服务　　　　　　　　　网络服务
客服电话：010-88361066　　机　工　官　网：www.cmpbook.com
　　　　　010-88379833　　机　工　官　博：weibo.com/cmp1952
　　　　　010-68326294　　金　书　网：www.golden-book.com
封底无防伪标均为盗版　机工教育服务网：www.cmpedu.com

PRAISE
赞　誉

本书用查理·芒格的多元学科思维和广泛的商业观察来印证和发展定位理论，是定位理论在中国商业实践中不断运用和发展的一部分，是定位理论爱好者的一道丰盛大餐。

——天图资本CEO、《升级定位》作者　冯卫东

找到企业的优势位置，是创业者战略先行的第一步。本书浓缩了定位理论的精华，辅以深入浅出的定位案例，是一本创业者能学会的实战好书。

——乡村基创始人　李红

王小卤是靠定位理论取得第一步胜利的。目前国内对定位理论有一些误解，总认为过气陈腐了，看完知愚老师这本书，大家可以对定位理论有更新、更深的理解。

——王小卤创始人　王雄

张知愚老师是品牌定位专家，他长期研究定位案例，为中国品牌发展做出贡献。本书在严谨的理论体系的基础上解读了新鲜、前沿的品牌实战案例，能够很好地指导实战，值得反复学习和研读。

——小仙炖鲜炖燕窝 CEO　苗树

《定位》是创业者必读的经典。书亦烧仙草能够成为全国头部品牌之一，清晰的品牌意识和定位意识起到了很大的作用。张知愚老师的《品牌定位通识》，在品牌定位这个领域实现了理论的体系化。如果想学习定位理论又读不懂《定位》，可以试试从这本书开始。

——书亦烧仙草创始人　王斌

本书可能是目前对本土品牌定位案例最为犀利的剖析，向我们深刻而系统地展现了品牌如何运用定位理论，赢得消费者心智的争夺战！

——益海嘉里金龙鱼集团包装油事业部、海外销售部专业副总监
张波

我将张知愚老师的这本书推荐给初创企业的朋友们，本书有助于大家在进入一个生态体系赛道创业时找准位置、选好姿势、提升速度。知愚老师对身边耳熟能详的品牌真实案例进行剖析，结合定位逻辑解读，为创始人提供了清晰的视角来审视自身的定位，从而获得有价值的思考。

——鹿优鲜创始人　赵丹

本书从战略定位的视角出发，深度聚焦和探究全球商业案例背后的价值体系，立足实战前沿，观点独到，分析精妙，帮助读者全面发掘品牌定位的意义与逻辑，值得反复研读。

——太二酸菜鱼前品牌培训总监　林洋

近几年中国商业新锐品牌如大河奔涌，层出不穷。如何抢占消费者心智份额成为一个新的课题。从某种意义上来说，经营企业就是经营消费者的感觉，本书也用百事可乐与可口可乐例证了"心感＞口

感"。每一个环境都有其独特的文化、认知背景，知愚兄这本书可谓是真正理解"中国式定位"的一个典范。

——正和岛内容总监　孙允广

在空中看地球会有无数的虚拟坐标，商业世界也有数以亿计的坐标，凸显清晰明确的坐标价值会让更多的人和资源向坐标汇集，实现交流、交换、交易。本书值得反复阅读学习。

——大国品牌传媒创始人　吴纲

短视频媒介时代，流量碎片化，企业和品牌更需要定位。真定位赢得真流量，从而赢得用户心智。本书值得一读再读。

——头条易创始人　张瑾

"定位，最怕把品牌给定死了。"如何破？知缺而后有圆，知愚而后有聪。本书结合品牌理论，针对"定位"给出了自己的定位。

——《小丰现代汉语广告语法辞典》作者、人性B面营销论始创者
小丰

"定位"系列书中的案例大多数是发生在几十年前的美国和其他国家，中国读者不容易理解。得益于记者的从业经验，知愚兄弟做分析时会深入挖掘案例的社会、商业背景，这能更好地帮助我们理解案例。另外，他的文笔通俗易懂，我很乐意推荐本书给学友。

——511中国定位日发起人　盘子

在定位行业里流传着这样一句话："定位一学就会，一用就错。"究其原因还是使用者对定位理论知之不深导致的。张知愚研究定位理论多年，致力于推动定位理论体系化、中国化和世界化，读完《品牌定位通识》，你会对定位理论有更全面和深入的了解。

——领航定位创始合伙人　火佳杰

知愚老师的《品牌定位通识》，更系统、更客观地告诉了我们定位的真谛。书中融入了许多实战案例，深入浅出地告诉了我们如何打赢消费者的心智之战！我也要求火橙的小伙伴们都要认真学习《品牌定位通识》。

——火橙战略咨询董事长　徐超

定位理论的发展已经跨越半个世纪，已被全球众多知名企业的实践所验证。定位领域经典之作众多，全部读完对学习者来说很有挑战。知愚兄的新书结合中国市场实践，对定位理论以及经典案例做出系统提炼与梳理，非常值得认真研读。

——东极定位创始人　王博

自定位理论提出至今，五十多年来从未停止过升级迭代。艾·里斯和杰克·特劳特两位大师分开后，里斯先生提出了"品类"的概念，而特劳特先生则在"定位"上持续深耕。张知愚的《品牌定位通识》，以通俗易懂的语言、中立客观的视角，打通了定位理论不同派系的发展脉络，是定位理论中国化和体系化的典范之作。

——战斗蚂蚁联合创始人　赢姐

定位理论是对潜在顾客心智漏洞发起的以偏概全的黑客式攻击，这也恰是构建品牌认知壁垒的关键，本书深谙其道。

——陈与陈品牌定位设计创始人　陈国进

作为定位理论的自媒体第一人，张知愚多年以来一直默默地致力于定位理论的推广与研究，本书将抽象的定位理论辅以各种实用的工具进行细化，同时针对中国企业的特色进行了深入细致的探讨，语言生动形象，极大地推动了定位理论的本土化发展，为中小企业经营者提供了一份切实可用的实操工具与行动指南！

——中国传媒大学经济与管理学院副教授　窦毓磊

PREFACE
前　　言

"内卷"时代的破局之道

"内卷"可以理解为"同质化竞争"在这个时代的新表达。自从1969年杰克·特劳特在《工业营销》杂志上发表《定位：同质化时代的竞争之道》，开启了定位时代之后，如何解决同质化竞争就成为商业理论研究者不能回避的难题。

比理论研究者更难过的是创业者，名为"同质化竞争"的阴霾飘在他们的头顶，挥之不去。毕竟，理论研究者失去的可能只是薪水（如果解决不了这个问题的话），创业者失去的却会更多。

不过，在一代代广告人、战略家和营销专家们的努力下，我们至少拥有了定位理论来解决这个难题。

定位理论的观点是：在顾客认知中寻找并占据一个有利位置，这个位置通常表现为一个词，一个有价值的差异化的词。例如，当非常可乐、天府可乐、皇冠可乐都在模仿可口可乐的时候，王老吉找到了

"凉茶"这个词，并将凉茶定义为能够预防上火的饮料。这就是发现了一个有利位置。

当全行业都在打价格战，纷纷推出低价产品，又不得不降低产品质量的时候，雅迪电动车提出了"高端电动车"这个词，从行业第二反超成为行业第一，带领整个行业远离价格战。这就是发现并占据了一个有利位置。

类似的例子还有飞鹤、九牧王、青花郎、小罐茶、农夫山泉、小仙炖等。当同行纷纷陷入同质化竞争而不得不打价格战之时，这些品牌似乎具备了一种鲜为人知的力量。

这种力量来自人心，准确地说来自顾客头脑中的已有认知，"定位"就是调动这股力量并使之成为品牌的资产。这很简单，就是换位思考，像顾客一样思考。这也很难，因为几乎没有人能完全做到换位思考。没有换位思考的时候，你还是你。当你真的完全换位思考时，你就不是你了。

对于换位思考，定位理论中比较接近的说法是"外部思维"。但是外部思维的目标并不只是"像顾客那样思考"，而是要比顾客更了解顾客，要深入到顾客的潜意识中，发现顾客潜藏的需求，还要穿梭过去和未来，激发或创造顾客新的需求。

此外，还要看到顾客头脑中竞争对手的位置，并恰当地应对这个事实。具有外部思维的办法至少有两个：一个是充分地了解行业历史，包括其他行业的历史，越多越好，也可以说，头脑中要存储更多的品牌商战史；另一个是知其所以然，要洞察商战历史背后的逻辑，看到是哪些元素相互影响，最终演化为现实。事实上，本书所做的就是这个尝试，以40个思维模型梳理这些元素和它们的构成关系。接下来我们就简要地说说这40个思维模型的底层逻辑：外部思维、竞争思维、定位思维和趋势思维。

外部思维

设想有两个圆，一个是顾客，另一个是创业者。多数情况下这两个圆是不相交的，创业者在企业内部制造的产品并没有真正对接顾客需求，这是失去了外部思维的状态。例如王老吉做啤酒，霸王做凉茶。从企业内部看，这些企业完全有能力开创啤酒和凉茶事业。从企业外部看，顾客并不喜欢"有凉茶味儿"的啤酒和"有洗发水味儿"的凉茶。

当两个圆相交，甚至重叠为一个圆时，就说明创业者初步具备了外部思维，他在企业内部生产的产品都能转化为外部成果，企业资源在他的管理下没有浪费。

竞争思维

设想有两个圆，一个是竞争对手，另一个是创业者。多数情况下这两个圆也是不相交的，创业者常常看不到竞争对手是谁。

王老吉的竞争对手是和其正、加多宝吗？不，它的对手是可口可乐。蜜雪冰城的竞争对手是喜茶、奈雪吗？不，它的对手是瓶装饮料。瑞幸的竞争对手是星巴克吗？东阿阿胶的竞争对手是福牌阿胶吗？老乡鸡的竞争对手是肯德基吗？飞鹤奶粉的竞争对手是贝因美吗？这些问题极其重要，但是又很难回答。

更可怕的是，很多创业者把价值观当作方法论，似乎只要做一个道德完人就能赢得市场竞争。无视竞争是愚蠢，轻视竞争是自大。当这两个圆相交的时候，创业者便具备了竞争思维，他不只盯着顾客，还会盯着顾客头脑中竞争对手的位置。

当某些国产奶粉纷纷以降价求生存，觉得进口奶粉的地位不可撼动的时候，说明这些国产奶粉还没有形成竞争思维，没有洞察到竞争对手的弱点。相反，飞鹤奶粉证明了"更适合中国宝宝"的正确性，这就是有竞争思维的表现。

定位思维

外部思维和竞争思维合起来就是定位思维。这可以用通俗的三个问题来解读，即你是什么，有何不同，与我何关。它来自冯卫东老师的定位三问：你是什么，有何不同，何以见得。

因为看到很多创业者把"你是什么"改成了"我是什么"，甚至嘴上说着"你是什么"，动手去做又回到了"我是什么"，所以我把最后一问改为"与我何关"，重新代表顾客向创业者发问：你的产品与我何关？逼着创业者重新从顾客角度思考"你是什么"。

经典意义或传统意义上的定位思维强调从竞争的角度看待顾客需求，这可能不是定位理论的真实内涵，而只是《定位》⊖这本书的定位。从竞争角度分析顾客，并不意味着忽视顾客需求，正如竞争思维不能取代外部思维。

再深入来看，竞争思维和外部思维似乎又密切相关，如果不从外部思维看待竞争，就会把竞争等同于物理世界的竞争。如果不从竞争思维看待顾客认知，就会在顾客认知的世界里处处碰壁，因为竞争对手在那里修了很多"护城河"。

把外部思维和竞争思维合起来才是定位思维，我们说的顾客认知，是有竞争对手存在的顾客认知；我们说的竞争对手，是顾客认知中的竞争对手。

趋势思维

融合了外部思维和竞争思维的定位理论是二维的，它还是一个平面。在这个二维的平面之上加上趋势思维，就形成了三维的定位理论，它是一个立体的金字塔模型。

新技术和新观念是趋势变化里最重要的两个要素。互联网催生的新消费品牌，都把握住了新技术和新观念的红利。例如新技术助力了小红书、知乎、天猫、抖音等平台的出现，这些电商平台或流量平台诞生之初带来了大量的流量，小仙炖、王小卤、拉面说、三顿半等品牌借势纷纷崛起。

当然新技术不限于传播技术，还包括产品研发技术。周黑鸭的气

⊖ 本书中文版机械工业出版社已出版。

调锁鲜技术、小仙炖的燕窝鲜炖技术、三顿半的咖啡冷萃技术等，都是创建新消费品牌的关键。

新技术也催生了新观念。在没有互联网的传统媒体时代，信息传播是中心化的，顾客对自己不同于主流的观念并不自信，消费都是趋同的。在信息去中心化的时代，顾客掌握了信息的主动权，小众人群更容易找到彼此，更容易形成一个个的小趋势。例如小米手机早期的用户群体是技术发烧友，三顿半早期的用户群体是重度咖啡爱好者。这些小众群体达到一定规模，就可以催生新消费品牌。

三维的定位理论还没有停止它的进化，我们可以在这个三维模型上再添加一个时间维度。理论上说，正确运用定位理论，就可以加快破局的速度，让未来提前发生。

这里的关键是根据"定位"重新调整组织内部资源，聚焦所有力量占据并做大顾客认知中的优势位置。当品牌发现、占据并持续做大这个位置的时候，企业和品牌就可以摆脱"同质化竞争"这个魔咒。

CONTENTS 目 录

赞誉

前言 "内卷"时代的破局之道

第一篇

外部思维
调动顾客认知的力量

第一章　品牌的起点和终点都是心智　　2
　　第一节　外部思维　　2
　　第二节　口感一半是心感　　8
　　第三节　三脑理论　　13
　　第四节　心智模式　　17

第二章　品类的本质是心智对事物的分类　　21
　　第一节　洞察心智　　21

|　第二节　心智阶梯　　　　　　　　　　　　　　　28
　　第三节　品类开创　　　　　　　　　　　　　　33

| 第二篇 |

竞争思维
转化竞争对手的势能

第三章　攻击固有弱点　　　　　　　　　　　　　40
　　第一节　竞争思维　　　　　　　　　　　　　　40
　　第二节　机会三角　　　　　　　　　　　　　　46
　　第三节　优势转换　　　　　　　　　　　　　　51

第四章　聚焦是唯一原则　　　　　　　　　　　　58
　　第一节　聚焦与追击　　　　　　　　　　　　　58
　　第二节　原点人群　　　　　　　　　　　　　　64
　　第三节　品牌延伸　　　　　　　　　　　　　　70
　　第四节　专家品牌　　　　　　　　　　　　　　78

第五章　重新划分竞争格局　　　　　　　　　　　83
　　第一节　二元法则　　　　　　　　　　　　　　83
　　第二节　两分法　　　　　　　　　　　　　　　88
　　第三节　侧翼战　　　　　　　　　　　　　　　93

| 第三篇 |

趋势思维
从组织外部发现有效战术

第六章　深入现场　　　　　　　　　　　　　　102
　　第一节　战术决定战略　　　　　　　　　　　102

第二节　六度调研　　　　　　　　　　107
　　　第三节　咨询闭环　　　　　　　　　　113

第七章　**企业长青**　　　　　　　　　　　119
　　　第一节　创新精神　　　　　　　　　　119
　　　第二节　边界意识　　　　　　　　　　121

| 第四篇 |

品牌定位
在认知中占据优势位置

第八章　**准确定位**　　　　　　　　　　　128
　　　第一节　发现词语　　　　　　　　　　128
　　　第二节　把握趋势　　　　　　　　　　133
　　　第三节　定位五式　　　　　　　　　　139
　　　第四节　换维定位　　　　　　　　　　146
　　　第五节　视觉锤和语言钉　　　　　　　151
　　　第六节　战备思维　　　　　　　　　　160
　　　第七节　战役思维　　　　　　　　　　166

第九章　**持续进化**　　　　　　　　　　　171
　　　第一节　理论内核　　　　　　　　　　171
　　　第二节　品牌生态位　　　　　　　　　178
　　　第三节　品牌演化论　　　　　　　　　184
　　　第四节　品牌需求层次　　　　　　　　192
　　　第五节　品牌阶梯　　　　　　　　　　198
　　　第六节　品牌势能　　　　　　　　　　202
　　　第七节　文化偶像　　　　　　　　　　208

第十章 **打造爆款**	211
第一节　极简定位四步	211
第二节　爆款开创	214
第三节　爆款推出	221
第四节　爆款长红	225

后记　定位理论的体系化、中国化和世界化　　231

| 第一篇 |

外部思维

调动顾客认知的力量

CHAPTER 1
第一章

品牌的起点和终点都是心智

第一节 外部思维

外部思维的重要性怎么强调都不为过，整个营销体系的起点和终点都是心智——潜在顾客的心智，而不是企业自己的心智。

德鲁克强调，企业的成果在外部，内部只有成本。企业的目的就是通过营销和创新创造顾客。《创新者的窘境》里提到，真正决定企业未来发展方向的是市场价值网，而非管理者；真正主导企业发展进程的是机构以外的力量，而非机构内部的管理者。管理者只是扮演一个象征性的角色。

企业真正的管理者要识别自己赖以生存的价值网，建立一个组织，与这个价值网进行资源对接。特劳特、德鲁克、克里斯坦森都在关注外部：外部思维、外部顾客、外部价值网。外部思维很重要，却又很难做到。

什么是外部思维

内部思维的含义是：我看到的、想到的、感受到的一切也是别人看到的、想到的、感受到的一切。内部思维在人类历史上的表现是地心说、人类中心说、自我主宰说。有人认为地球是宇宙的中心、人类是地球的中心、我们是自己的主宰，这三个严重的内部思维定式分别被伽利略、达尔文和弗洛伊德打破。

与之相反的就是外部思维：我感受到的，并不一定就是别人感受到的。每个人的心理世界各有不同，正如一千个读者眼中有一千个哈姆雷特。

为什么外部思维很难做到

内部思维是我们的本能使然，我们本能地缺乏安全感，缺乏安全感让我们更关注自身而不是外界。在缺乏安全感的环境中保持警惕维持生存，是人类根深蒂固的本能。就像斯宾诺莎说的，世间万物无不奋力维护自身于不毁。

虽然关注外界的机会能给我们带来更多资源，但是相比之下，维持生存更重要。因为要维持生存，所以我们更关心自身而不是外界，更关心当下而不是未来，更关心危险而不是机会。每当有危害公共安全的事件发生时，都会有人提醒我们：要相信自己的本能，如果感觉不对劲，就马上离开。恐惧和不安全感，正是让我们活下来的宝贵本能，那些过于有安全感的人类大多数已经在进化中被淘汰掉了，他们的基因很难流传下来。外部思维很难做到，因为那不是我们的本能。

为什么人类的嗅觉灵敏度远远低于犬科动物？为什么蝙蝠的超声波

感应能力远远高于人类？这些都是进化使然。人类的脑容量升级到足够生存和进化的时候就不再增加了，对人类来说，嗅觉够用就行，不需要像犬科动物那么灵敏；人类不需要在夜晚觅食，也就不需要进化出蝙蝠的超声波感应能力。同样的原因，对于大脑来说，它的第一准则是生存和进化，而不是认知。

定位理论以心智洞察为核心，而心智本身就代表了人类在进化中形成的思维习惯。

生活中的外部思维

20世纪80年代，美国麦氏和瑞士雀巢进入中国市场，向中国顾客推销咖啡。它们委托咨询公司做调研，得出向往发达国家并受过高等教育的知识分子、小资人群和大学生是咖啡的目标客户。

根据这个结论，雀巢推出了广告语：滴滴香浓，意犹未尽。广告很文艺也很高雅，但是咖啡销量很差，因为当时咖啡真正的客户是白手起家的"新富一族"，他们并没有那么文艺，而是更务实。后来，雀巢再次委托中国咨询公司调研，得到两个结论：第一，咖啡真正的消费群体是白手起家的"新富一族"；第二，那句广告语听起来像是香油的广告。后来公司将广告语调整为：雀巢咖啡，味道好极了。

公司的顾客是谁，这是一个很难回答的问题。当咖啡公司错误定位自己的顾客时，业务就很难开展。当咖啡公司找到了自己的顾客时，问题将迎刃而解。

德鲁克说，公司的业务是由外部顾客定义的，对凯迪拉克来说，它的业务不只是造车，还包括出售一种身份象征。

在外部思维下，产品的每一处设计，都要体现它的优越性。也就是说，产品有多好，要让顾客感觉到，而不是只有生产者自己知道。《异类》《引爆点》的作者格拉德威尔曾写过一个推销员对录像机的设计建议：第一，录像机要有一面设计是透明的，这样顾客能看到录像带在里面转动；第二，机器上的每个按钮都会变大，按下去或弹出来都会有"咔嗒"一声；第三，整个机器不能是个不起眼的黑盒子，要用红白相间的塑料外壳，或者用铝合金的，总之要漂亮抢眼；第四，录像机不能放在电视机下面，而是要放在上面，变成一个漂亮的展示物。

类似的理念放在汽车产品设计中也是一样的，汽车已经可以做到静音关门了，为何还要让顾客听到关门时的声音？因为那样顾客才会感到安全。

魔爪这款功能饮料是可口可乐公司的产品，它的陈列有何巧妙之处？这里至少有四个值得关注的地方。第一，它摆在了红牛旁边。顾客买的是功能饮料，功能饮料的代表者是红牛，所以摆在红牛旁边就不需要向顾客解释魔爪是新的功能饮料。第二，它摆在了红牛的右边，因为多数中国人都是右利手，放在右边方便顾客拿取。第三，它的摆放颜色上下一致，更容易引起顾客的关注。第四，它的包装设计和红牛有足够的差异性，红牛是矮壮的金色罐子，魔爪是高瘦的绿色罐子。

魔爪的这种陈列和设计，很好地体现了外部思维。如果是内部思维操作呢？那就和可口可乐一样摆在冰柜里吧，也无须上下摆放、区分颜色，外形设计也可以同可口可乐一样……这样的坏处显而易见，摆在可乐旁边，外形设计同可乐一样，那顾客就会认为它是可乐，而不是一款新的功能饮料。

江中健胃消食片和江中健胃小儿消食片的定位，也体现了外部思维的准确应用。

江中健胃消食片的竞争对手是吗丁啉，吗丁啉在医院系统深耕多年，资本、渠道、品牌实力都很强。江中从外部视角发现顾客通常用吗丁啉治胃病，而很少用它来助消化。事实上吗丁啉也可以助消化，但是顾客觉得吗丁啉是治胃病的药品，不适合用于助消化这种小事。江中从这个角度出发，切割了吗丁啉的市场。

江中健胃小儿消食片也是如此，消食片是植物制药，大人小孩都能用，但是家长们觉得给大人吃的药不能给小孩吃。基于这个判断，江中又出品了江中健胃小儿消食片。

现代的新技术，如大数据、云计算、人工智能等，对打造品牌作用巨大。企业可以利用这些新技术帮助自己打通外部思维。如美妆公司为了了解顾客真正的需求，可以用新技术抽取天猫、微博、抖音、B站、小红书上的数据，一方面看哪些产品卖得好，另一方面看顾客在关心什么，从而在短时间内梳理出几万个品项、十几万个话题讨论的核心。

大道至简

显而易见的事情不被重视，就是因为它显而易见。人往往喜欢那些新的、怪的、特别的，喜欢出其不意，所以当你提出一个显而易见的观点，大多数人的反应常常是：就这？我也知道啊。

人很难相信真相会这么简单。杰克·韦尔奇说，提出简单的答案需要更多的勇气。只有显而易见的答案才容易被顾客完整接收，只有一听就懂的广告语才容易在人群中传播。但是很多人都在盲目追求创意，在品牌上展示自己的才华，这实在是一种深深的内部思维。

"西贝莜面村""炭 ""犇垚羴"这种品牌名，或许能显示创业者独到的思考和企业特殊的文化，但是并不利于顾客识别，这就是一种内部思维。"快乐成就伟大""生而全球、开放互联""经典成就辉煌"这种广告语，没有体现品牌特征，也没有传达顾客利益，也是一种内部思维。把自己定义为"白电专家"，宣传产品是"减肥牙膏""降火啤酒"的品牌，也深陷内部思维，因为顾客对"白电"这一概念是陌生的，也不相信牙膏能减肥，不相信啤酒能降火。

有人喜欢复杂的、有创意的、炫目的答案，正是这种心态让他们远离了真相。我们过分强调智力，所以我们就想象觉悟需要高度的聪明才智。事实上，大道至简，许多聪明才智有时反而是障碍。

如何保持外部思维

如果把企业或产品视作一个圆，把顾客视作另一个圆，很多时候这两个圆是独立的，企业在自己的圆里看顾客，觉得顾客不懂自己的好；顾客在自己的圆里看企业的产品，觉得对方莫名其妙。外部思维，就是站在两个圆相交的部分看对方，这样企业能够依据顾客的视角调整自身的产品，也能把自身的优势传达给顾客。

在传递信息的时候，企业不应只告诉顾客一个新的概念，而应调动顾客头脑中的已有认知。我在给吉利汽车做品牌咨询服务时，发现了一个宣传利好：截至2021年年底吉利汽车累计销量已经超过1100万辆，是自主品牌销量第一。但是这个宣传利好并没有传递给顾客。

我首先强调，要重点传播这个信息，然后把这个信息重新编码为：民族汽车代表品牌，销量超过1100万辆。当吉利汽车强调自己性价比很高的时候，顾客是无感的，因为其他品牌也这样说。这个时候，企业和顾客就像两个独立的、没有关联的圆。当吉利汽车说自己销量超过1100万辆，是自主品牌销量第一，是民族汽车代表品牌的时候，顾客就有感觉。1100万辆和销量第一是具体可感知的信息，是顾客心智中已经存在的能量。这个时候，顾客和企业就像两个相交的圆。在最佳状态下，这两个圆重叠为一个圆。

定位理论不同于独特销售主张和品牌形象论⊖的最大之处，是强调从心智中寻找机会。想要调动心智中的能量，就要保持外部思维。外部思维的核心就是觉察，时时刻刻不中断地觉察。

⊖ 品牌形象论（Brand Image）是20世纪60年代大卫·奥格威提出的创意观念，是广告创意策略理论中的一个重要流派。此观念认为每一则广告都应成为对整个品牌的长期投资，因此每一品牌、每一产品都应发展和投射一个形象。

第二节　口感一半是心感

有人喝不惯茅台，但是很少有人说茅台不好喝。也有人喝不惯江小白，但是常常有人说江小白不好喝。一支50元的口红，可能你会挑剔它的小瑕疵。一支500元的口红，也许你不会觉得它有什么问题……这就是品牌的力量。王志纲在给茅台做策划的时候说，口感一半是心感。商业的目的是交换价值，然而价值判断是主观的，我们的主观感受并不稳定，它是变动的、被影响的，甚至是被操纵的。

口感一半是心感。我们再次回顾可乐的商企史，探讨心理感受对品牌塑造的意义。

心感胜过口感

可口可乐在发明了可乐之后，就一直是可乐品牌的代表，可口可乐也乐于宣扬这种正宗地位。美国市场上一度有上百个可乐品牌，略有知名度的有皇冠、百事、阿美、卡波、坎迪、安拉、雪拉、卡帕等。

这种现象在我国也一度出现，中华大地上出现过天府可乐、昌宁可乐、奥林可乐、非常可乐、乐臣可乐、蓝剑可乐、九星可乐、粤冠可乐、银鹭可乐、汾煌可乐等品牌。但是众多的竞争者都没有撼动可口可乐的领导者地位，除了它更擅长营销、更精于企业管理之外，更重要的原因是它非常清楚自己的优势，即"可乐发明者"，并通过花样繁多的营销方式夯实这个位置。

口感一半是心感，甚至心感大于口感。可口可乐非常注重顾客认知，因为可乐不是一种制作技术门槛很高的产品，可口可乐的神秘配方也更多是一种营销方式。顾客购买的不只是瓶子里的产品，还包括品牌在电视、报纸、广播中呈现给他们的东西。这正是众多模仿者缺乏的意识，模仿者大多数认为制造出更好的产品、付出更多的努力就可以成功。真正逃脱可口可乐围剿的只有三个品牌：百事可乐、皇冠可乐、崂山可乐。

百事可乐是年轻的可乐，皇冠可乐是低糖可乐，崂山可乐用中成药成分和崂山水调制，它们一定程度避免了被淘汰的命运。其他品牌如阿美、安拉、非常、天府，不管是中国的还是美国的，都是可口可乐的模仿者。

即使顾客在口感上不易辨别这几种可乐有何不同，但是他们的头脑知道有何不同，这就足够了。可乐不只是物理层面的饮料，也包含精神方面的体验。

可口可乐的众多模仿者都以失败告终，正说明人类的心智是一致的：不喜欢模仿品。这种特征不分中外，都是如此：模仿者消失，开创者生存。

百事味道：口感是否胜过心感

百事可乐策划过一场经典的营销战：让顾客在不知道品牌的前提下盲测两种可乐，结果显示顾客认为百事可乐更好喝。原因不难猜测，百事可乐里加了更多的糖，而我们天然地对糖分上瘾。但是在已知品牌的前提下，由于可口可乐的品牌地位影响了人们口感上的判断，我们认为可口可乐更好喝。

这种区别就像是人们普遍认为装在水晶杯里的红酒比一次性纸杯里的红酒更好喝；星级酒店里的土豆丝比自家楼下夫妻店里的更好吃；玻璃瓶里的矿泉水比塑料瓶里的更好喝。心感总是能战胜口感。

需要特别注意的是，同时期的皇冠可乐也做过前文中百事可乐这样的测试，但是效果很差。为什么同一个测试，百事可乐能行而皇冠可乐不行？区别在于百事可乐把这个战术升级到战略位置，聚焦资源大范围推广，而皇冠可乐浅尝辄止。就好像"国际品质、华人配方"在贝因美那里只是战术，而"更适合中国宝宝"在飞鹤那里是战略。

我们经常听到企业家说，"你这个意见我们之前想到过，也尝试过，你再出一个别的策略"。这就是不懂得战术与战略的关系，皇冠可乐也是一样。这不是皇冠可乐第一次犯错误，后面会展开说明皇冠可乐如何再一次忽视了低糖可乐的战略机会。

百事可乐在测试事件的大规模，甚至是"狂轰滥炸"式的营销发酵下销量猛增，市场份额从 6% 增长到 14%，如果没有足够的广告资源投入，百事可乐的口味测试就只能停留在口感阶段。只有从口感体验升级为心感体验，口味测试才能真正有效。

皇冠可乐没有意识到口感与心感的关系，认为只要宣称自己的口味更好就可以了，盲目认为"酒香不怕巷子深"，更好的产品一定可以胜出。如果只看到了百事可乐的口味测试，就会以为口感可以胜过心感；只有看到百事可乐为这个测试大做广告的行为，才会理解心感胜过口感。

新可乐：心感再次胜过口感

百事可乐的口感测试广告如此成功，使其市场份额一度达到 14%，距离可口可乐的 15% 份额只差一步。百事可乐的成功战术惊动了可口可乐，既然新口味可乐如此受欢迎，那么可口可乐也出新口味好了。

1985 年可口可乐推出了新口味的可乐，据说在盲测中 75% 的顾客更喜欢新口味的可乐，既然"事实"已经如此明确，那就更新产品好了。面对质疑，时任可口可乐 CEO 罗伯特·戈伊祖塔回应："我们简单地称之为有史以来最可靠的举措。"时任可口可乐总经理唐纳德·基奥也说："我从未像宣布（改配方）时那样自信过。"

如果没有可口可乐的这次试错，我们可能很难相信心感会胜过口感。更新配方的可口可乐在接下来的 2 个月里每天都会接到 5000—8000 个投诉电话，顾客抗议可口可乐改变了产品的味道。

即使从产品层面上看新可乐的味道更好，但那是在没有品牌加持的情况下的事实，不是在真实消费场景中的事实。也就是说，在顾客品尝到装在玻璃杯里的新可乐之后，他们真诚地认为新可乐口味更好；在顾客品尝到装在可口可乐罐子里的新可乐之后，他们也真诚地认为可乐的味道改变了，并为此感到愤怒。

可口可乐在中国的实践中错失了推广姜味可乐的机会，同样是因为忽略了真实的消费场景。冬季是可乐的销售淡季，可口可乐为了提升销量开发了姜味可乐的产品，在餐饮渠道中赠送姜味可乐，让渠道把可乐加温后卖给顾客，告诉他们加了姜汤的可乐能预防感冒。

事实上，顾客并不是喝不了冷饮，只是在认知中感觉冬季喝凉的对身体不好。姜味可乐的出现打消了他们的顾虑，在餐饮店喝过加温的姜味可乐之后，他们在冬天的暖气房间里喝常温的姜味可乐也不觉得有问题了。

冬季不能喝凉的，是心感。冬季可以喝姜味可乐，也是心感。但是可口可乐后续没有意识到心感是如何塑造的，直接把姜味可乐摆到了超市货架上。它没有像百事可乐做口味测试那样，把口感的事实转化为心感的事实。

如果可以重来一次，可口可乐应该把"姜味可乐能预防感冒"的认知推广出去，让更多的顾客产生"冬天也可以喝可乐"的心感，这样姜味可乐才能真正成为顾客的选择。

同样重要的，是为这个新品类启动新品牌，用一个新的名字来推广姜味可乐，这样一来顾客才会认为姜味可乐是新品类，而不是原有品牌旗下的衍生产品之一。把握品类分化的趋势，启动新品牌，配合广告和公关投入占领认知，如此才能真正创建一个品牌并把握新品类占领市场的机会。

年轻的可乐：心感再次获胜

如果从产品层面看，"年轻的可乐"是不存在的概念。口味可以偏甜或者偏酸，但是顾客肯定尝不出来口味年轻或者不年轻。然而事实证明，"年轻的可乐"这一概念非常有效，因为口感没有年轻与否，但心感有。心感再次获胜。

百事可乐总是花大价钱请当红的明星代言，并不只把"年轻的可乐"当作一个口号或概念，因为百事可乐知道，顾客买的是口感也是心感。"年轻的可乐"的妙处在于，可口可乐无法跟进。既然是可乐的发明者，是正宗的可乐，那就不能是"年轻的可乐"。

这一点耐克也知道，它经常为了一笔代言合同付出几千万甚至上亿美元的成本，就是为了签约当下最年轻的体育明星。

就像巴奴主打"产品主义"，声称服务不是巴奴的特色，毛肚和菌汤才是，这就让海底捞无法跟进。海底捞如果在毛肚和菌汤上复制巴奴，它就不是海底捞了，而巴奴则非常乐意海底捞进入自己的战场。

许多火锅品牌都在学海底捞的服务，但在这方面谁也比不过海底捞。最终的效果是，很多火锅品牌都在强调服务，等于在告诉顾客海底捞的服务最好。

巴奴的做法是走向海底捞的对立面。海底捞说服务，巴奴就说产品，甚至还要攻击海底捞：服务不是我们的特色，毛肚和菌汤才是；服务不过度，样样都讲究。

海底捞应对的方式是在郑州市场免费送毛肚，我们认为这是一个不明智的举动。首先，免费送不可能长期做；其次，这样做反而进入了巴奴的优势战场。如果巴奴再推出一款菌汤，海底捞也跟着送吗？是不是巴奴推出的所有产品，海底捞都要跟进？这样一番跟进下来，海底捞就成"第二个巴奴"了。

可口可乐无法回应百事可乐的攻击，王老吉也没必要回应加多宝的攻击。因为回应得越多，对方的势能就越高。真功夫主打中式餐饮，放弃了油炸食品，宣扬"营养还是蒸的好"。老乡鸡也定位中式厨房，但它不像真功夫、乡村基那样在城市综合体选址，这是为了加强自己的独特优势。它的战略就是占据优势位置，并且这个位置是在认知中的。只有战略先行，才能建立品牌护城河，企业的盈利点才是安全的，否则随时可能被领导者收割，消失的那几十个可乐品牌就是如此。

皇冠可乐错失低糖可乐

低糖可乐这个品类最早是皇冠可乐开创的。但是就像它错过了口味测试的战术一样，也完美错过了低糖可乐的机会。皇冠可乐只是把新品类当成一个战术，没有当作一个新的品类，没有启动新品牌来推广它，也没有砍掉传统的可乐产品，因此错失了另辟赛道的机会。

如果皇冠可乐只做低糖可乐，那么它就是另一种饮品，顾客就不会把它同百事可乐、可口可乐归为一类，就像崂山可乐含有崂山水和中成药成分，顾客就不会把它和可口可乐混为一谈。

农夫山泉在决定做天然水之后，就果断宣布砍掉纯净水生产线，聚焦资源做天然水。如果农夫山泉在有纯净水、矿泉水的同时也有天然水，那么顾客就不会把天然水当作一个新的、独立的品类，农夫山泉也就无法逃出怡宝、娃哈哈的围剿。只做天然水使农夫山泉成为新一代的饮用水品牌，进而获得了和怡宝、娃哈哈、乐百氏平起平坐的机会。

乐百氏做的很多品类（红茶、绿茶、汽水等）都失败了，最成功的是脉动。王老吉在决定做凉茶之前，砍掉了茶饮料的品类，一方面是茶饮料竞争对手太强大，另一方面是只有专注凉茶，王老吉才能成为凉茶的代表品牌。

事实上，凉茶和可乐没有太大的技术区别。一家生产可乐的工厂完全可以生产凉茶，甚至一家生产洗发水的工厂简单调整后也能制造凉茶，能获得成功还是离不开心感。

第三节　三脑理论

认知大于事实，这是个特别容易引起争议的判断。支持方认为，品牌溢价的关键就是塑造高价值的品牌认知，这是品牌的核心价值所在。反对方认为，品牌溢价偏离了产品主义，没有真正为社会创造价值，是投机取巧的短视行为，不值得提倡甚至需要抨击。

我们认为，任何一个理论都有其边界，其表现在边界内有效，在边界外无效。例如，牛顿力学在三维空间有效，一旦时间维度发生变化，这个理论就会失效。我们尝试从三脑理论出发，探讨认知是怎样大于事实的。

原始脑、情绪脑和理性脑

人类的大脑分为三个层次（见图1-1），最内部也是最早期的部分是原始脑（也叫爬行脑），它短视、贪婪、直接、粗暴，只关心性欲和食欲，诞生于2亿—3亿年前。爬行动物如鳄鱼、蛇、蜥蜴等都只有爬行脑，没有情感反应。

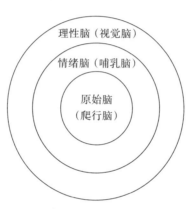

图1-1　原始脑、情绪脑与理性脑

再外面一层是情绪脑，大约出现于5000万年前。情绪脑也称哺乳脑，它代表着哺乳动物有了情绪体验。所有哺乳动物都有情绪脑，会高兴、悲伤、兴奋、恐慌等。

最外层是出现于300万年前的理性脑（也称视觉脑），它用于处理语言、认知、抽象、推理等。这是人类独有的，目前还没发现别的物种有这一结构。理性脑最大的特点，就是理性。

当专家们探讨瓜子二手车才是最大的中间商，脑白金广告没品位，小罐茶是"智商税"的时候，他们是在用理性脑思考。而理性脑才进化了300万年，它启动慢、能耗大、"网速"低，碰到重大决策才会启用。相反，原始脑和情绪脑启动快、"网速"高、能耗小，已经高速运转了千万年。

用户在家庭和公司里已经耗尽了能量，很难在消费时启动理性脑。

用户坐电梯，不需要是一个电梯专家；用户看电视，也不需要多么懂电视；用户网购娃娃，也不必懂得布艺知识。

用户很少去思考瓜子二手车到底靠什么赚钱，脑白金的成分到底是什么，农夫山泉卖的是瓶子还是水，神州专车的营销战到底是否有失风度。他们更依赖原始脑和情绪脑，只能记住感觉：瓜子二手车不赚差价，脑白金可以送爸妈，农夫山泉很天然，神州专车很安全。

用户才不会像专家们那样思考：钻石其实是一场营销骗局，我们不应该上当。即使用户看到了一篇特别理性的分析文章，他也不一定能记住，因为启动理性脑太麻烦了。用户需要一个合乎认知逻辑的解释，而不是一个符合事实逻辑的真相。

用户只能记住感觉

神州专车有过一次经典的营销战：以拒绝黑专车为主题，向当时风头正盛的优步开炮。这波营销引起了很大的争议，很多人觉得神州专车有失风度，影响了自己的品牌形象。但是风波过去之后，用户还是记住了神州专车。

瓜子二手车定位直卖网，强调没有中间商赚差价。很多所谓的业内人士调侃说，没有中间商赚差价，那瓜子二手车的营收如何解决？言外之意，瓜子二手车就是中间商。尽管如此，瓜子二手车已成为二手车直卖网的代表品牌。

脑白金不断重复其广告语，不断强化消费群体对其产品定位的认知，结果促成脑白金连续十几年畅销。

当百事可乐定位"年轻的可乐"时，可口可乐认为这很可笑：可乐能喝出来年轻与年长的区别吗？事实上可乐本身没有年轻与年长之分，但是消费群体对可乐的认知有。被质疑之后，百事可乐坐稳了该品类第二大品牌的位置。

在推广变频空调的时候，美的使用了"一晚只用一度电"的广告语。

这个宣传被批评是在撒谎，有人给出了详细的数据论证。但是大多数顾客只记住了"美的变频空调很省电"这个信息。

海信是变频空调领域的佼佼者，但是没有启动专家品牌来代言新品类，没有宣布停产非变频空调，也没有推出"一晚只用一度电"这样的广告语。美的作为变频空调的后来者，通过高明的品牌理念和营销方法，成为变频空调的代表者。

每到七夕节，钻石的销量都会提升不少。虽然从事实上看，钻石就是一块石头，但是从认知上看，钻石可比石头贵多了。

联邦快递的标识据说是商业史上最贵的之一，设计费是500万美元，这个看似平平无奇的标识实则暗藏玄机：在 E 和 x 之间，有一个白色的箭头（见图1-2）。

图1-2　联邦快递标识

为联邦快递的白色箭头支付500万美元的决策者，就是在用理性脑思考。

认知影响事实

在一些互联网公司，创始人不允许员工互称某总、某哥、某领导，要求彼此直呼其名。这种制度是为了营造平等的气氛，防止内部出现官僚主义和层级观念，做到人人都是有效的管理者。一个称呼就有这么重要的意义。

认知大于事实

从体力上看,个体的人类不如野马、狮子、大象;从敏捷性上看,人类也不是上乘;从脑容量上看,尼安德特人也不低于现代人类。人类能有如今的成就,是靠着对民族、国家的认知建立起了大范围的合作系统。动物也可以合作,但是局限于很小的范围。

在动物的认知中,只有香蕉、树叶、兔子等实体可见的概念,你给猩猩一捆香蕉和100万元,它肯定选择香蕉,即使后者能买来更多的香蕉。但是人类会选择金钱,因为人类的意识能够理解虚拟的概念。

我们活在认知的世界里,而非事实的世界,这是众多哲学家的论点,这也是尤瓦尔·赫拉利在《人类简史》和《未来简史》中的重要观点,人类通过对一些抽象概念的共同想象,构建了如今的世界。

从这个意义上说,认知何止是影响了事实,认知甚至大于事实。

第四节 心智模式

心智缺乏安全感

在顾客购买行为的全链条中,引起不安全感的原因有很多。杰克·特劳特与史蒂夫·里夫金在其《重新定位》[一]一书中将风险进行了以下分类。

金钱风险:我买这个东西可能会损失钱。

功能风险:它可能不好用,或者不如想象中的那么好用。

人身风险:它看起来有点危险,我可能会受伤。

社会风险:如果我买了它,朋友会怎么想呢?

心理风险:如果我买了它,我可能会感到内疚,或者觉得自己不负责任。

[一] 本书中文版已由机械工业出版社出版。

现实情况是，很多人都缺乏安全感。他们虽然嘴上说向往未知，但还是愿意躲到安全的避风港里，宁愿承受无聊的代价，因为未知意味着风险。

勒庞在《乌合之众》中说：

支配着大众的，永远是榜样，而不是论证。每个时期，无意识的群体都会模仿少数有个性的人。但是这些特立独行的人还是会默认普遍的观念。他们要不这样做的话，模仿他们就会变得异常困难，他们的影响力也会因此缩小。

越是难解释的概念则越有潜力成为口号，民众不会去了解它的真正含义，只是去把它当作旗帜划分敌我。对于集体至上，每个个体都开始抛开自己的责任，于是政府的规模和民众的麻木同时增长，迫使政府承担一切。

群体对强权俯首帖耳，却很少为仁慈心肠所动，他们认为那不过是软弱可欺的另一种形式。他们的同情心从不听命于作风温和的主子，而是只向严厉欺压他们的暴君低头。他们总是为这种人塑起最壮观的雕像。

群体喜欢的英雄，永远像个恺撒。他的权杖吸引着他们，他的权力威慑着他们，他的利剑让他们心怀敬畏。

商业创造价值的方法至少有两条：给群众安全感，激发群众的不安全感。有时候这两条被同时采用。

给用户安全感的办法之一就是编顺口溜和重复。心智对押韵的、重复的词语具有天然的亲切感和安全感，为什么人对押韵的表达没有防备心呢？因为最早的知识就是靠歌谣和顺口溜传播的，比如《荷马史诗》和《格萨尔王》。这些一方面在内容上激发了不安全感，另一方面又在押韵上给人安全感。再比如"晚上吃姜赛砒霜"，好记就行，没人愿意去深究到底晚上能不能吃姜。我估计如果这句话是"中午吃姜赛砒霜"，那么人们就会中午不吃姜了。像"饭后百步走，活到九十九""爱干净、住汉庭""怕上火、喝王老吉""不要让孩子输在起跑线上""不在乎天长地久，只在乎曾经拥有"等，要么是激发不安全感的，要么是押韵的，或者兼而有之。

缺乏安全感好处巨大

让我们稍远一点，绕到人类进化的漫长历史中看看。《人类简史》中讲了"算法"的概念：

有只狒狒看到附近的树上挂着一串香蕉，但也看到旁边埋伏着一头狮子。狒狒该冒着生命危险去摘香蕉吗？

这可以看作计算概率的数学问题：一边是不摘香蕉而饿死的概率，另一边是被狮子抓到的概率。要解开这个问题，狒狒有许多因素需要考虑。

我离香蕉多远？离狮子多远？我能跑多快？狮子能跑多快？这只狮子是醒着还是睡着？这只狮子看起来很饿还是很饱？那里有几根香蕉？香蕉是大是小？是青的还是熟的？

如果是只胆小的狒狒（也就是它的算法会高估风险），就会饿死，而形成这种胆小算法的基因也随之灭绝。如果是只莽撞的狒狒（也就是它的算法会低估风险），则会落入狮子的口中，而形成这种鲁莽算法的基因也传不到下一代。

这些算法通过自然选择，形成了稳定的质量控制。只有正确计算出概率的动物，才能够留下后代。

有句俗话：车子没坏就不要修。因为相比得到，心智更厌恶损失。想象一下你得到一百元的快乐和丢失一百元的痛苦，后者的强烈程度远远超过前者，这是心智缺乏安全感的本能在起作用。

物种进化的本能要求人类安全第一，守住所得。俗话说，小心驶得万年船，十鸟在林不如一鸟在手。相比更好的选择，心智更倾向于已有的选项。

心智喜爱不同

心智既然缺乏安全感了,为何又喜爱不同呢?

达尔文在《物种起源》中提到,物种很多情况下取得成功,仅仅是由于变得与众不同或者更加不同,这样就减少了竞争。弗朗西斯·高尔顿说,重要的个体差异会逐渐编码到语言中,一种差异越重要,则越有可能被一个单独的词表达。一项关于鸟类的研究表明,那些在良好环境中长大,因为有合作的保证而敢于大胆探索新事物的鸟,主动飞到了严酷环境中生存。它们的能力不是更弱了,而是更强了——它们主动选择了去开疆拓土。

当可口可乐是经典、传统、正宗的可乐的时候,百事可乐试图提供更经典、更正宗的可乐是无效的,只有提供更年轻、时尚、潮流的可乐,才给了人们一个不同的选择。

当微信是移动端社交软件第一选择的时候,来往企图提供更好的选择是无效的。只有当阿里巴巴推出钉钉,解决移动办公问题,提供不同的选择的时候,人们才会选择它。

当百度已经是心智的搜索选择的时候,腾讯的搜搜、阿里巴巴买来的雅虎都无法撼动人们心智的选择。但是知乎可以,因为知乎是另一种不同的搜索方式。马化腾说,颠覆微信的肯定不是另一个微信,而是另外更好玩的应用。所以他的危机感很强,因为不知道自己的敌人会来自哪里。总之,因为心智的模式是在安全的基础上追求繁衍,所以最好的策略是熟悉加意外。

CHAPTER 2
第二章

品类的本质是心智对事物的分类

第一节 洞察心智

用户并不知道自己真的想要什么

这就是我们通常说的,消费者常常"口是心非""言不由衷",常规的市场调查难以获得真正有用的信息,但消费者的行为一定和其心智模式保持一致。

——《品类战略》

心智模式不仅决定了我们如何认知周遭世界,也影响了我们如何采取行动。在商业和市场中,心智模式对消费行为具有决定性。哈佛大学心理学家阿吉瑞斯说:"虽然人们的行为未必总是与他们所拥护的理论

（他们所说的）一致，但他们的行为必定与其所使用的理论（他们的心智模式）一致。"定位理论强调从心智中寻找机会，特别在意对心智的研究。心智可以说是用户的潜意识，很多时候用户并不知道自己的潜意识是什么。调研人员想知道人们的态度，可是态度往往并不可靠。人们往往说起来是一套，做起来却是另一套。

《新定位》中提到，杜邦公司进行了一次研究，采访者在路上叫住了5000名去超市的妇女，问她们要买些什么东西。接着，采访者又在超市出口处采访了这些妇女。结果发现，她们购买的产品类别中，只有30%是她们计划购买的牌子的产品，而70%则是其他牌子的产品。

索尼曾经邀请用户参与调查，来决定一款即将上市的音箱的颜色。参与调查者多数在红色和黑色之间选择了红色。讨论结束后，索尼为表示感谢，让他们免费领走一个音箱，所有人都选择了黑色。

得到课程"产品思维30讲"的主理人梁宁说，人会基于自身所处的角色、所在的场合和个人的认知判断，选择性地说一些他觉得正确的话。但是这些话不代表就是这个用户真实的选择。例如，奈飞在决定从DVD租赁业务转型在线视频业务的时候，推出了在线视频单独收费的业务，原来的DVD租赁用户看奈飞的在线视频要另外付费，结果导致奈飞在2011年第三季度流失了80万个用户，股价下跌80%。奈飞坚持认为在线视频付费会取代DVD租赁，成为未来的趋势。租赁DVD的用户并不知道自己真正需要的是在线视频，他们甚至为另外付费感到恼怒。

梁宁有一次和钉钉的产品经理交流，表达其观点，她认为钉钉的产品设计是反人性的。钉钉的产品经理回答："对，因为我们是给集体做产品的。"

梁宁听后感觉对方说得有道理，随后她这样总结："如果你的产品的使用对象是'个体'，那你必须要抛开对个体角色化的刻板想象，而把对方当成一个完整的、鲜活的人，去做用户研究。但是如果你是在给一个特定的集体做产品，那么其实你应该充分研究这个集体的集体人格、共同记忆和核心观念。"

在雷克萨斯没有出现之前，你去问用户喜欢"特级丰田"还是"雷克萨斯"，用户一定会说喜欢"特级丰田"，因为他没有听说过"雷克萨斯"。同样的道理，曾经用户更喜欢"超级奔驰"而不是"迈巴赫"，因为他对前者更熟悉，而根本没有听说过后者。

决策数据的局限性

迷信大数据和市场调查，也是一种内部思维。特劳特专家邓德隆说，数据只能反映用户的行为，不能代表用户的心智。瓜子二手车创办时，进入线上二手车品类市场已经晚了两年，当时的数据显示中间商模式更好，直卖不是主流模式，市场占比很小。如果完全根据市场数据来做决定，根本不会有瓜子直卖网。数据只能代表当下，不能完全反映趋势。农夫山泉创始人钟睒睒说，他们也会买一些数据，但是不会将其作为决策的依据，只是作为参考。

大数据显示了用户做了什么，但是并没有显示用户为什么这样做。例如，空战后飞回来的飞机机翼的弹孔比机身多，应该优先加强哪个部位的厚度？直观来看，机翼的弹孔多就应该优先补强机翼，但是最终的做法是优先补强机身，因为机翼中弹的多数还能飞回来，机身中弹的多数无法飞回来。

社会学家根据犯罪记录数据得出结论：在酒吧打架不要先动手，先动手的人死亡率高。而事实上，这些数据来自活下来的人，他们在录口供的时候都会说是对方先动手，所以数据显示在酒吧里打架先动手的人死亡率高。

顾客并不总是对的：产品不可能满足所有人的需求

消费者可能会反映沃尔沃的车身不如奔驰气派，这或许是事实，但沃尔沃强调的是"安全",而不是气派。顾客永远是对的,但品牌并非要争取所有的顾客。

——《品类战略》

企业可以通过首批用户和媒体,对新品类进行完善。但是企业要区分哪些是品类本身的特点,哪些是可以克服的弱点。

聚焦是反人性的,创业者的本能都是延伸业务,侵入竞争对手的市场,直至超出自己的能力边界为止。

春兰如果聚焦空调,就不会有格力的机会了。一开始春兰把业务扩展到白电品类,如果春兰能控制住自己,很可能会成为今天的美的。但是春兰没有,它继续延伸到银行、汽车、摩托车、信托、房地产等行业,没有边界地扩张,透支了企业的管理能力,最终破产。

类似的例子还有德隆、乐视,我们只能称其为集团或者公司,而无法把德隆、乐视与某一款产品联系起来。当认知混乱的时候,用户就会放弃对品牌的选择。试图满足所有需求的品牌往往会变成"四不像",接下来的命运就是被遗忘。

事实上,企业和品牌的成功是多因素造就的,其成功的关键并不一定是多元化路线。例如,阿里巴巴是用多品牌代言多品类(淘宝、菜鸟、聚划算、天猫、高德),苹果也是多品牌的(iPhone、iPod、iPad),亚马逊也有 Kindle(电子阅读器)、AWS(云计算服务)。正确的品牌策略可以助力企业发展。

顾客并不总是对的:品牌要关注竞争对手

坎贝尔汤食公司花了 18 个月研制了一种叫"润滋"的混合果汁。可当它上市的时候,商店的货架上早已有了三种其他牌子的竞争产品。坎贝尔最终放弃了这种产品。

——《新定位》

市场测试有个无法摆脱的矛盾因素：市场测试的是产品的性能，可是结果往往被市场中一些无法预见的情况所扭曲。

有些定位很好，但是不属于你，因为已经有人占据了。你去调查用户最重视牙膏的什么功能，他们一般会说是防蛀，但是这个定位已经被高露洁占据了；海王银得菲的定位是治感冒快，这也是市场调查中得出的结论，但是康泰克已经占据了这个定位。

战术决定战略，但并不是所有的战术都能成为战略。奥尼洗发水曾经调研发现，用户最关心的洗发水功能是柔顺，于是放弃了原有的黑发功能的定位，重新定位为柔顺，完全不在意这个定位已经被飘柔占据。

加多宝在做凉茶之前，公司的茶饮料业务也做得不错。考虑到不可能在茶饮料品类占据数一数二的位置，加多宝就逐渐放弃了这部分业务。

长城汽车在做经济型 SUV 之前，家庭轿车和多用途汽车（MPV）业务也很赚钱，但是考虑到竞争环境的因素，逐渐将资源聚焦在经济型 SUV 车型上。

先锋电器最赚钱的业务是电风扇，但是这个品类中美的和艾美特是行业第一和第二，小家电品类只剩下了取暖器的机会，于是先锋电器定位优化为取暖专家。

瓜子二手车在聚焦个人直卖网之前，B2C 的业务也开展得不错，但是做不过优信，也逐渐放弃了这部分业务。

哈弗汽车的增长逻辑

长城汽车的营业收入从 2009 年的 135 亿元增长到 2018 年的 1056 亿元，其增长战略核心是聚焦经济型 SUV。但是在做出这个决定之前，市场调研的结果是用户不喜欢这种车型。报告显示，用户购买汽车主要是为了体现社会身份，SUV 车型无法满足这个需求，经济型 SUV 更不能。另一个数据是，2009 年的中国汽车销售版图中，经济型 SUV 只占 4%。如果企业以客户需求为导向，以市场调研为基础，那就应该聚焦资源在其他车型上。但是长城汽车坚定聚焦经济型 SUV，最终其旗下的哈弗汽车成为中国经济型 SUV 的领导者。

不根据市场调研结果做决策，哈弗汽车的底气从哪里来？

瓜子二手车的定位

瓜子二手车定位为二手车直卖网，即由个人卖家卖给个人买家。和哈弗汽车遇到的情况类似，二手车直卖网曾经的市场占有率也很低，这个模式一度不被主流市场看好。

如果针对"直卖"做市场调研，用户的反应很可能是：个人卖家卖车，出了问题对方能负责吗？个人买家又不懂车，怎么判断车况？交易平台不赚差价，那你靠什么赚钱，是不是在别的地方坑我？

最致命的问题当然是：从来就没有个人直卖网这种模式，你怎么能成功？

不根据市场调研结果做决策，瓜子二手车的底气从哪里来？

王老吉凉茶的底气

说起凉茶，现在的我们都很熟悉。但是如果回到 2001 年，很多广州以外的用户可能并不知道凉茶是什么东西。即使在销量最好的温州，也是把王老吉当作节庆礼品而不是预防上火的饮料。市场调查数据显示，北方人根本不喝凉茶，作为饮料的凉茶更是没人听说过。如果依靠市场调研做决策，王老吉就只能放弃了，因为市场调研无法调研一个不存在的东西。

王老吉的做法是重新定位，把凉茶重新定位为预防上火的饮料：怕上火，喝王老吉。王老吉把预防上火和北方天气干燥关联起来，宣传冬季干燥，怕上火喝王老吉，打开了北方市场。面对未知的市场，王老吉的底气来自哪里？

小罐茶的新范式

小罐茶开启了茶叶品牌的新范式，也启发了很多同行，但是90%的人还是看不懂。小罐茶创始人杜国楹的心法是"倒过来做"：

我做茶，为什么先做高端？我们发现很多喝茅台、抽百元烟的人，没有合适的茶可喝。市场上的普洱茶老饼，不容易分辨真假，把八年、十年的伪装成五十年、一百年的，质量没保证不说，还有可能影响健康。

烟酒茶不分家，但烟酒都有选项，茶没有，我觉得茶应该有自己的高端品牌。小罐茶的产业链也是这样，做了市场，市场确认清楚了，再做中央工厂，市场进一步扎实之后，开始建茶园。

我不是因为要做茶，所以建场地、买山区。我是看到了清晰市场以后，在这个链条上往前再拱一步，一直拱到茶园。先有需求，再做市场。先有认知，再有事实。所谓外部思维的极致，就是"倒过来做"，根据外部的认知环境重塑内部的企业运营。⊖

小罐茶是茶叶品牌史浓墨重彩的一笔，甚至在中国农业产品品牌历史上也是如此。即使在小罐茶年销售额达20亿元之后，还是有很多人抨击它是"智商税"。

如果根据市场调研做决策，小罐茶就不会诞生了。那么，杜国楹做小罐茶的底气从哪里来？

品牌定位的底层逻辑

现在我们可以揭开谜底，哈弗汽车、瓜子二手车、王老吉和小罐茶等品牌的底气来自对心智的洞察。当哈弗汽车出现的时候，同样的价格可以买一台SUV，用户就会放弃家庭轿车；当个人直卖网出现的时候，

⊖ 创业黑马. 杜国楹：没有优秀的产品基因，就没有存在的理由 | 创业方法论 [EB/OL]. (2019-09-20) [2021-11-19]. https://www.toutiao.com/article/6738574193081713164/?channel=&source=search_tab.

用户认为卖家可以多卖钱，买家可以少花钱，他们就会放弃有中间商的交易平台；当预防上火的饮料出现的时候，追求口感的其他汽水就被放弃了；当明码标价、品质可信的小罐茶出现的时候，那些靠人脉售卖的茶品牌就被放弃了。

竹叶青定位峨眉山高山绿茶，其实是延续了小罐茶开创的路线。小罐茶是高端茶叶品牌，但是覆盖品类太多，竹叶青只聚焦在一个品类。当专注高端绿茶的竹叶青出现，小罐茶的绿茶就受到了影响。

小罐茶创始人杜国楹也知道这一点，于是他在小罐茶的对立面推出了新品牌：2000米高原红茶。小罐茶是大师做，也因而显得老派，新品牌就走时尚路线；小罐茶包装重，新品牌包装就走简约路线；小罐茶覆盖品类过多，新品牌就聚焦一个品类；小罐茶价格高，新品牌就走价格亲民路线。

比洞察心智更关键的，是这些品牌在用户的心智中占据了优势位置。一旦占据优势位置，竞争对手就会像处于劣势位置的敌人一样被消灭，战胜竞争对手的结果就是用户被转化到自己这一边。而最佳的优势位置就是竞争对手的弱点。

以上品牌的底气来自对心智的洞察，更来自对心智中优势位置的洞察。

第二节　心智阶梯

想象心智中有一个阶梯，每一个格子上都有很多个品牌。最高阶的是最知名的品牌，通常会被优先选择，下面一个格子是第二品牌，通常是潜在顾客的第二选择。如果这个阶梯是可乐，那么前两个格子的品牌就是可口可乐和百事可乐；如果这个阶梯是凉茶，那么前两个格子的品牌就是王老吉和加多宝。

通常情况下，这个阶梯有七个格子。但这是比较乐观的数字，事实上心智阶梯只有三个格子甚至更少。如果在移动互联网行业,一个品类通常只有一家独大。例如,在即时通信软件品类,只有一个微信;在信息流产品品类,只有一个今日头条。

心智阶梯的"七"现象和"三"现象

根据心理学家的研究,心智通常难以同时处理七个单位以上的信息。

潜在顾客通常说不出同一品类的七个以上的品牌,例如很难举出七个手机品牌、七个纯净水品牌,大多数人只能记住两个或三个。从数字中也能看出来,前三个数字分别是一、二、三,到了第四个数字写法就不是四条横线了,而是一个抽象的符号。罗马数字的前三个数字是Ⅰ、Ⅱ、Ⅲ,到了第四个数字写法也不是四条竖线了。

在心智的存储习惯中,三个以上的同类事物就要调用刻意的记忆能力。而心智的存储容量又是有限的,如果品牌不能进入同类前三,生存将变得艰难。这就是心智阶梯的"七"现象和"三"现象。

可乐品类的心智阶梯

如图 2-1 所示,毫无疑问可口可乐处在可乐品类的第一个格子,然后是百事可乐,而其余的品牌基本上鲜为人知,因为用户心智容量有限,无法存储太多的同类产品。

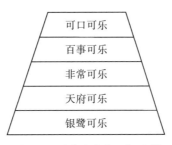

图 2-1　可乐品类的心智阶梯

如果没有挤进前三的位置，品牌的命运通常是无人问津。在演艺行业，"小某某"的人设通常没有机会，在运动员行业，"乔丹接班人"的人设也没有意义，不做第二个乔丹，做第一个科比才有机会。之所有会有"小某某""某某接班人"的人设，本质上也是潜在顾客懒于记忆的表现，新的名称需要启动新的记忆。

如果一个品类只有两个机会，那么是不是没有办法了？事实上，机会在于另外开创一个阶梯。如果不能在现有的心智阶梯中抢占优势位置，那就另外开创一个阶梯。王老吉就是最好的例子，它没有在可乐的阶梯下排队，而是开创了凉茶的心智阶梯，并在这个阶梯中占据第一的位置。

凉茶品类的心智阶梯

王老吉的品牌策略和可口可乐非常相似。自瓶装可乐推出45年之后，可口可乐才推出罐装可乐。而且可口可乐一直坚持使用弧线瓶，推出罐装后也继续在包装上呈现弧线瓶的图案。王老吉推出红罐凉茶之后的10年里一直没有推出新品类，宣传的主角一直是红罐凉茶。简单、直接、乏味，但是有效地进入了用户心智。

可口可乐最初是不含酒精的可饮用药水，具有缓解头疼的作用，后来加了糖浆、苏打水等其他成分，被命名为Coca-Cola。从药水转为饮料，意味着重新定位，找到新的品类赛道。王老吉最初也是治疗上火的药水，后来重新定位为预防上火的饮料。

有意思的是，随着王老吉开创了新的罐装凉茶阶梯，凉茶品类也出现了可乐阶梯的现象。在王老吉和加多宝后面，出现了跟随品牌：邓老凉茶、霸王凉茶、黄振龙凉茶、徐其修凉茶等（见图2-2）。这些品牌统统被心智归类于王老吉的同类品，没有在用户心智中占据位置。只有和其正存活下来，因为它也开创了一个新的心智阶梯：大瓶装凉茶阶梯。

图 2-2 凉茶品类的心智阶梯

同样，在功能饮料中，红牛占据了头部位置后，启立、战马都没法撼动它的位置，即使启立背后是中国渠道之王娃哈哈集团，战马背后是一手推动了红牛品牌的同一家企业。虽然东鹏特饮和乐虎创建了品牌，它们的策略与和其正一样，但遗憾的是，东鹏特饮和乐虎在成功之后，又推出了和红牛同类的罐装产品，这注定又是一次无功而返的进攻战。

纯净水品类的心智阶梯

乐百氏是纯净水的开创者，因为企业管理问题离开了第一的位置（见图 2-3）。纯净水的行业属性决定了这个品类有多个品牌共存。就像餐饮行业一样，复制成本较高，很难出现一两个品牌垄断品类的现象。移动互联网行业则相反，通常一个品类只有一个或两个品牌，如团购品类的美团。

因为对餐饮行业来说，开 100 家店和开 1000 家店，需要的管理能力是不同的。对纯净水行业来说也是如此。但是在互联网行业，1000 万人下载软件和 5000 万人下载软件，对管理能力的要求没有很大不同。

头部品牌会占据大部分的市场份额，第三、第四品牌虽然也能活着，但是盈利状况远不如头部品牌。这个时候怎么办？成功的战术都是类似的，农夫山泉开创了天然水的新品类，并成为这个品类的第一。故事也是相似的,在天然水的心智阶梯上,也出现了很多个品牌:昆仑山、百岁山等。

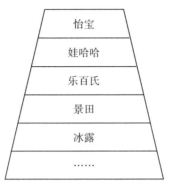

图 2-3　纯净水品类的心智阶梯

奶粉品类的心智阶梯

雅培、美赞臣、雀巢、达能都是百年的药品企业或食品企业,在奶粉的品质和研发上领先国内很多品牌(见图 2-4)。如果国内品牌在它们开创的奶粉阶梯上努力,是很难成为第一的。后来的故事我们都知道了,飞鹤奶粉开创了新的心智阶梯:更适合中国宝宝的奶粉。这个阶梯也启发了其他品牌,如君乐宝、贝因美等,国产奶粉品牌纷纷加入这个阶梯,不在国外奶粉开创的阶梯上跟随了。

图 2-4　奶粉品类的心智阶梯

成为第一的心法,是开创新的品类,并成为品类的代表者。其实一个阶梯就是一个品类,当你在别人的品类里做跟随者的时候,你就很难被顾客记住。例如,非常可乐、天府可乐会被顾客存入"可乐"的心智阶梯,王老吉会被顾客存入"凉茶"的心智阶梯。但是非常可乐、天府可乐会被顾客当成可乐的第三选择或第四选择,王老吉会被顾客当作凉茶的第一选择。

类似的阶梯能列举很多,但是关键的是不要陷入行业领导者的阶梯陷阱,不能在领导者制定的规则里竞争(规则通常有利于领导者),而是另外开辟新的赛道。因为心智中可以存很多"阶梯"(品类),却只能存很少"格子"(品牌)。例如,早期的天府可乐和崂山可乐都是在甜味饮料中添加中成药成分,但是作为可乐它们不能占据品类第一。王老吉事实上也是添加了中成药的甜味饮料,但是它定义自己为"凉茶",它就是品类中的首选品牌。

第三节 品类开创

品类分化的第一个贡献在于提出"创建品牌的方法是开创品类"。在这之前,我们普遍认为创建品牌的方法是提出一个独特的卖点,或者为产品附加某种美好的形象,甚至仅仅靠大量的广告投入。

艾·里斯在《品牌的起源》中明确提出品牌的起源是品类,创建品牌的方法是开创一个品类,卖点、形象、广告等都是之后的事情。

独特卖点不能创建品牌

独特销售主张认为,广告要满足三个条件:第一,必须包含特定的商品效用,即每个广告都要对顾客提出一个主张,给予顾客一个明确的利益承诺;第二,必须是唯一的、独特的,是其他同类竞争产品不具备或没有宣传过的主张(也就是独特卖点);第三,必须有利于促进销售,即这一主张一定要强有力，能招来数以百万计的人观看并促进购买。

"农夫山泉有点甜"是一个独特卖点，但是纯净水和矿物质水也可以通过人工添加矿物质实现有点甜的口感。乐百氏的27层净化，也是一个独特卖点，这个独特卖点之所以能创建品牌，是因为乐百氏没有遇到足够强的竞争对手。

我们以优信二手车和瓜子二手车为例，如果瓜子二手车说经过300项检测（这是一个独特卖点），优信就可以说经过350项检测。乐百氏如果有一个强大的对手，对方可以宣称产品经过29层净化。

在竞争足够激烈的环境里，品牌提出的任何一项独特卖点都会被模仿，尤其是会被品类领导者模仿。例如，百事可乐提出的更大容量、更低价格，就会被可口可乐模仿；宝马汽车提出的省油、尊贵、安全会被丰田、奔驰和沃尔沃模仿；其他火锅品牌在服务上的创新都会被海底捞模仿：这也是其他品牌学习了海底捞的服务却永远成不了海底捞的原因。

当然，在竞争不够激烈或者竞争对手不够聪明的少数情况下，独特卖点能够创建品牌。例如，香飘飘奶茶说自己卖出的奶茶可以绕地球一圈，让人感觉销量很高，而竞争对手优乐美则沉迷于"你是我的优乐美"的品牌形象操作中。

品牌形象不能创建品牌

品牌形象只有暗含于一个定位中的时候才能创建品牌，单纯的品牌形象无法创建品牌，例如"真诚到永远""成就天地间""勇敢做自己"。

从根本上说，顾客心理遵从马斯洛需求层次理论：先完成基层的安全感，才能追求高层的精神体验。品牌形象是品牌成功之后的特权。

有人说，奢侈品牌不都是品牌形象论的最佳案例吗？事实上，路易威登是靠便捷、耐用的旅行箱起家的，博柏利是靠透气性好又能防水的风衣起家的，香奈儿是靠女式工装起家的，古驰是靠皮具起家的，川宁是靠茶叶起家的。然后它们才沿着顾客的喜好和爱屋及乌，延伸了其他产品：路易威登做了珠宝，博柏利做了香水，等等。当这些品牌从旅行箱、风衣、皮具等转向新的品类的时候，才更需要品牌形象：让顾客觉得路易威登不只是旅行箱，也可以是珠宝；博柏利不只是风衣，也可以是鞋子；香奈儿不只是衣服，也可以是香水；古驰不只是皮具，也可以是衣服。

在满足顾客的精神体验之前，品牌首先要满足他们的生存需求，没有人会在饿着肚子的时候欣赏艺术。

是华夫鞋和气垫鞋成就了耐克如今的地位，而不是耐克签约的代言人；是卓越的科技创新成就了苹果手机，而不是靠乔布斯的产品发布会。你会说雷军的产品发布会也很不错，但是前提是小米手机通过互联网直销的方式降低了成本，开创了一个新的品类。OPPO、vivo等品牌的手机，没有什么炫目的品牌形象，也没有什么漂亮的发布会演讲，一样很成功。

大量广告不能创建品牌

如果有钱就能创建品牌，那么世界上所有的品牌都会属于银行。有钱是创建品牌的必要条件之一，但不是充分条件。

百事可乐曾以268亿元收购功能饮料洛克星，可口可乐以21.5亿美元入股魔爪的母公司 Monster Beverage，收购其16.7%的股权，这些都是在自己的功能饮料品牌失败之后的操作。你能说可口可乐、百事可乐、宝洁这样的公司缺少创建品牌的知识吗？不能。你能说它们缺钱吗？也不能。可是即便如此，不差钱也不差知识的它们还是要靠收购来获取更多的外部力量。

满足需求不能创建品牌

满足需求只是看到了顾客，没有看到竞争对手。有人会说，关注竞争对手能创造利润吗？这句话听起来好像很对，实际上缺乏基本的常识。竞争对手确实不能创造利润，但是可以让你没有机会见到顾客。

部分创业者有一种莫名其妙的自信：好像整个市场只有他的公司在提供产品和服务，眼里只能看到顾客，不管竞争对手。

阿比达尔是从IBM离职的技术人员们创建的企业，旨在为顾客提供性价比更高的商用计算机，但是阿比达尔每一次的降价和技术创新都被IBM模仿和压制，最终阿比达尔退出市场。苹果的第一台个人电脑推向市场之后，IBM也推出了个人电脑。IBM的产品相对粗糙，而且没有制图功能，但是更多顾客选择了IBM，因为他们更信任IBM的产品。

仅仅靠满足顾客需求是无法创建品牌的，这可能是最让人绝望的事实，却是企业不得不面对的事实。

开创品类才能创建品牌

"农夫山泉有点甜"是一个独特卖点，却难以创建品牌。在农夫山泉定位天然水，开创了新的品类，并通过聚焦天然水舍弃纯净水业务，利用高明的公关手法、投入大量的广告成为天然水的品类代表之后，它才真正创建了品牌。

百事可乐的更低价格、更大容量是一个独特卖点，但是这个战术很容易被可口可乐复制。只有百事可乐定位"年轻的可乐"，成为新品类的代表之后，它才算是站住了脚跟。

宝马的省油、安全、便捷等都是独特卖点，但是这些不能帮助宝马创建品牌，只有它开创了"驾驶体验更好的汽车"这个品类，才形成了自己的优势。

那么多学习海底捞服务的火锅品牌，都无法通过模仿海底捞而成功。真正原因，不是这些品牌学不会海底捞的服务，而是无法靠复制海底捞的服务而成功。只有巴奴火锅定位于产品，开创新的品类之后，才算是打开了区别度。

　　锤子手机的文案、发布会都是业内最佳,但是中低端市场有小米、vivo、OPPO,中高端市场有华为、三星、苹果,海外市场有传音、一加。商务手机、拍照手机、音乐手机、互联网直销手机、时尚手机都有品牌占据,已经没有锤子手机的位置了。

　　创建品牌的最佳方法是开创并代言一个品类。

| 第二篇 |

竞争思维

转化竞争对手的势能

CHAPTER 3
第三章

攻击固有弱点

第一节　竞争思维

备受推崇的科幻小说《三体》里有句名言：毁灭你，与你有何相干？纸媒、出租车、数码相机、音乐播放器等行业都被智能手机冲击甚至颠覆，而这并不是智能手机有意为之。

创业者最常见的失误有两个：一个是不考虑竞争对手，另一个是考虑了竞争对手但是不知道自己真正的竞争对手是谁。为什么很多道理"一听就懂，一用就错"，因为我们常常想当然地以为自己知道自己是谁，又想当然地选定了自己的竞争对手。

顾客认为你是谁更重要

外部思维是大多数人迈不出的第一步，顾客认为你是谁，比你认为自己是谁更重要。在品牌定位中，重要的是"你是什么"，而不是"我是什么"。如果连自己属于哪个赛道都不清晰，就更不可能明确自己的竞争对手是谁了。

从某种意义上说，"你是什么"是由外部的竞争对手和顾客决定的。如图 3-1 所示，我们提出品牌定位三叶草，它看起来和麦肯锡的战略三叶草很像，其根本的区别在于麦肯锡的分析基于企业内部，品牌定位三叶草存在于企业外部。

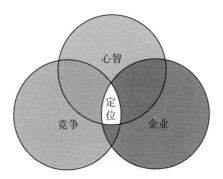

图 3-1　品牌定位三叶草

德鲁克认为，在定义竞争对手是谁的时候，必须以顾客的感受为依据，根据顾客想购买的产品和服务来确定品牌的竞争对手，并把直接和间接竞争都考虑进去。

例如，对于冲饮奶茶品牌香飘飘来说，真正的竞争对手并不是优乐美等其他冲饮奶茶品牌，而是以喜茶、蜜雪冰城为代表的现制水果茶。顾客普遍认为，水果茶比奶茶更健康，现制也比冲饮更新鲜，所以真正颠覆香飘飘的并不是同品类的其他品牌，而是来自另一个行业的跨界竞争。

再举个例子：扫地机器人是清洁工具还是电子宠物？王老吉是药饮还是饮料？黄金酒是保健品还是白酒？东阿阿胶是药品还是补品？简一

大理石瓷砖是瓷砖还是大理石？网咖是网吧还是咖啡馆？胡桃里餐厅是酒吧还是餐厅？iPhone 是电脑还是手机？盒马鲜生是线上零售还是线下零售？

以上这些问题，如果品牌没有明确的答案，那就说明自己也不知道竞争对手是谁。王老吉曾经想尝试"火锅伴侣"和"吉庆礼品"的定位，但是出于竞争对手的原因放弃了。

近期我们在给一位胶东地区的客户寻找定位时，首先否定了"生态产业园"和"研学基地"的定位。因为这家企业面积只有四十亩^㊀，十公里之外就有一个近千亩的生态观光园，做研学基地不是这家企业的优势。

总之，"你是什么"不是你决定的，而是你的顾客和竞争对手决定的。不是先想成为什么再去考察竞争环境，而是根据竞争环境选择自己能够成为什么。

很多时候，第一步就错了

一般来说，品牌定位四步法是下面这样的。

第一步，分析整个外部环境，确定"我们的竞争对手是谁，竞争对手的价值是什么"。

第二步，避开竞争对手在顾客心智中的优势，或者利用其优势中蕴含的弱点，确立自己的优势位置：定位。

第三步，为这一定位寻找一个可靠的证明：信任状。

第四步，将这一定位整合进企业内部运营的方方面面，在传播上投入足够的资源，将这一定位植入顾客的心智。

如果你照着这个步骤去执行，第一步非常容易犯错。在分析外部环境之前，首先要做的是确定你处于哪个环境里。

你分析的外部环境，真的是你身处的环境吗？定位理论强调研究心

㊀ 一亩约为 666.67 平方米。

智，强调外部思维。换句话说，你以为你是什么不重要，顾客认为你是什么才重要。

再深一点：顾客认为你是什么也不重要，重要的是顾客的心智认为你是什么。因为有时候顾客不知道自己需要什么，你要深入顾客的心智中才能知道他真正要什么。

了解心智的途径之一，是研究行业历史。瑞·达利欧在《原则》中说，一个人预测和应对未来的能力，取决于他对事物变化背后的因果关系的理解，一个人理解这些因果关系的能力，来自他对以往变化的发生机制的研究。

领导品牌才强调品类

钻石恒久远，一颗永流传。这个广告如何？如果你是一个区域内最大的钻石品牌，这个定位适合你。顾客看到这个广告后，都会去选择销量最好、门店最大的钻石品牌。如果你是区域内第二大的钻石品牌，这个定位就不适合你。目标群体看到你的广告后心理活动是这样的：钻石代表忠贞的爱情，所以我要选最大的钻石品牌。

第二品牌真正要考虑的是让目标群体选择自己，而不是选择领导品牌。某某海参，送给最重要的人。这个定位如何？和钻石行业一样，如果你是区域内最大的海参品牌，用这个定位是没问题的，既然送给最重要的人，就要买最大的品牌、最贵的产品。但如果你不是第一品牌，这个广告本质上就是给领导品牌做的，因为你时时刻刻在提醒顾客要买最贵的海参送给最重要的人。

非领导品牌要做的是顺势，例如，和其正凉茶的广告就不需要强调预防上火，而是"大瓶更尽兴"。崂山可乐的广告不应强调可乐的特质（那是可口可乐的任务），而应反复声明自己是崂山水制作的，有中成药成分。简一大理石瓷砖开创了大理石瓷砖新品类之后，诺贝尔瓷砖和大角鹿瓷砖分别将定位调整为高端白色大理石瓷砖和更耐磨的大理石瓷砖，而不是傻傻地去推广大理石瓷砖这个品类。小罐茶开创了茶叶品牌新的范式之后，其他茶叶品牌要思考的是如何在小罐茶开创的品类内细分一块市场，而不是假装认真地再去做基础市场调研。

领导者已经搭桥过河了，你就别在河底摸石头过河了。

头部品牌要做大品类

老板电器聚焦大吸力油烟机的定位，首先来自竞争对手方太电器，其次来自心智选择。方太电器定位高端厨电，老板电器想要突破就只能另寻出路。如果老板电器也宣传高端厨电，那就是在给方太电器打广告了。老板电器应对的方式是聚焦吸油烟机品类，然后根据认知继续聚焦在大吸力油烟机品类。其中关键是，老板电器并没有从企业内部思考"我是什么"，而是从企业外部观察"你是什么"或"我应该是什么"。

老板电器在聚焦大吸力油烟机获得成功之后，接下来的动作一方面是不断优化配称，抬高技术壁垒，做大大吸力油烟机；另一方面是推出了中央吸油烟机。

老板电器认为，颠覆自己的不会是同行，而是新的品类"中央吸油烟机"，未来的房屋装修将会是由房地产商统一精装，自己的主要客户会从个体顾客转移到房地产服务商。于是老板电器根据中央空调的模式，开发了中央吸油烟机。中央吸油烟机把吸油烟机的主机放在公用烟道上，在提高吸力的同时还能降低成本。

老板电器的思维模型，我们总结为聚焦与追击模型（见图3-2），即在聚焦之后继续追击。《商战》[⊖]中提出，侧翼战的原则之一是追击与进攻同样重要，进攻战的原则之一是尽可能在狭窄的战场上发起进攻。

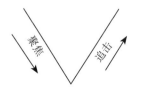

图3-2　聚焦与追击模型

⊖ 本书中文版机械工业出版社已出版。

安吉尔热水器如此（从高端净水专家到全屋净水解决方案提供商），先锋电器也是如此（从聚焦取暖器逐步升级为全屋取暖专家），哈弗汽车更是如此（从经济型 SUV 领导者到 SUV 领导者），在聚焦一个细分品类成功之后继续追击，在别人进攻追击之前首先进攻。

最大的竞争对手是时代

迈克尔·波特在他的竞争模型中提到了来自行业之外的竞争：可替代产品和潜在进入的企业。香飘飘奶茶的困境，是因为更便捷的即饮奶茶和更健康的现制水果茶出现，冲击了冲饮奶茶的品类。香飘飘没有像哈弗汽车、安吉尔净水器、老板大吸力油烟机那样在聚焦之后追击，做大品类，甚至开发新品类。

战略定位包含两个部分：扬长避短和顺势而为。

扬长避短着眼于当下的时代，顺势而为发力于未来的趋势。福特汽车发明了汽车流水线作业，并聚焦于一款车型，1925 年的美国工厂只需要 10 秒就可以组装一辆汽车，而在流水线作业出现之前，装配一辆汽车需要 728 个小时。

不断降低的成本带来的是不断降低的价格，1911 年福特汽车售价为 780 美元，市场占有率为 20%，到了 1916 年价格降到了 360 美元，1920 年时其市场份额是 42%，到了 1921 年，其市场份额达到了 56%。

福特汽车的增长飞轮是通过流水线作业降低制造成本，然后通过降价扩大市场份额，更大的市场份额带来了更多的订单，更多的订单加大了汽车制造的规模优势。看上去这是一个完美的商业模式，直到通用汽车的出现，颠覆了福特汽车的霸主地位。在福特汽车占据 42% 的市场份额的 1920 年，即使通用汽车只有 11% 的体量，通用汽车仍坚持认为福特汽车的理念已经脱离时代了。

通用汽车认为，在新的时代，汽车已经不只是简单的交通工具，还代表了顾客的身份、地位和阶层的道具。顾客依然关注功能，但也重视外观、设计、舒适度和驾驶体验。

通用汽车为不同阶层的顾客提供了不同的品牌：凯迪拉克、通用、雪佛兰、庞蒂亚克。事实证明通用汽车的理念是对的，时代站在了通用汽车这一边。

因为把握住时代趋势而取胜的商业案例数不胜数。通用汽车的第一任老板威廉·杜兰特曾经是美国最大的马车制造公司所有人，他在1908年认为汽车会在未来成为主流交通工具而"下注"通用汽车。

总之，创业者要面对的竞争来自潜在的对手、正面的对手和时代的变迁，而"你是什么"常常是由外部竞争环境决定的，承认自己一无所知也许是最重要的第一步。正如小说《三体》试图表达的：弱小和无知不是生存的障碍，傲慢才是。

企业要在产品和竞争对手的结合点寻找机会，这个机会要符合企业能力，同时能够压制竞争（见图3-3）。

图3-3　竞争思维

第二节　机会三角

新品牌的机会常常体现为领先者想不到、看不上、做不到的市场机会上。我们总结为机会三角。

领先者的市场边缘

"不同胜过更好"固然是一个很有启发性的思路，但是换个角度看又是很无奈的："肥肉"全是领先者的，后来者只能从领先者的"牙缝"里找机会。美团没有在实物电商的市场里寻找到机会，因为那是阿里巴巴的市场。即使在千团大战中，大部分团购网站都挤进了这块市场，美团依然保持着战略定力。如果回顾当时的场景，美团的不越界是很难做到的。

千团大战的本质是拼流量，有流量就有资本，有资本就能做更多的广告、进行更大的补贴。这不只是团购网站的玩法，也是所有创业者熟悉的路径，在对出行市场的争夺中，滴滴和快滴背后的阿里巴巴和腾讯总共花了20亿元，瓜子二手车为了抢占二手车直卖网的高地，第一年就花了10亿元。

做标准品的团购，如景区门票、酒店住宿、电影票等，可复制性高、见效快、操作容易，除了美团之外的几乎所有团购网站都加入了混战。人是群体动物，有从众本能，面对企业内外压力还能坚持不做实物团购，需要极大的定力。

美团的机会在哪里？和阿里巴巴的实物电商不同，生活服务类电商是携程、去哪儿的市场。在生活服务类电商市场之外，还有本地生活服务类电商市场，这是携程看不上或者没想到的蛋糕，被美团选为根据地。

千团大战的结局是：阿里巴巴推出了聚划算，用巨额补贴收割了团购市场。在其他团购网站打得不亦乐乎的时候，聚划算开着坦克加入了战局。很多团购网站受挫，美团几乎不受影响。美团获胜不是因为有"坦克"，而是没参加那场商战。

跟随战略常常没有机会，尤其是在赢家通吃的移动互联网战场上。阿里巴巴引入雅虎，意图颠覆百度的搜索市场，最后不了了之。阿里巴巴又看上了微信的即时社交市场，推出了来往，也失败了。在全国甚至全世界范围内看，阿里巴巴这样有资金、有技术的公司并不多，但是阿里巴巴也在跟随战略中失败了。

新品牌的机会，总是来自领先者的市场边缘。如来往挑战微信失败之后，专注陌生人社交的陌陌活下来了，阿里巴巴意识到这个问题之后推出了钉钉，专注企业办公市场。新品牌的机会常常出现在领先者想不到、看不上、做不到的市场上。

思维天然带有盲点，所谓当局者迷，很多机会一说出来企业便会恍然大悟，但是想不到就是想不到。领先者想不到的机会，就是新品牌的战略根据地。

一个人的行为不可能超出他的认知边界，一家企业也是如此。IBM曾经认为，全世界最多需要1000台电脑，它觉得电脑只有政府、银行、大企业、科研机构需要。IBM错过了个人电脑，成就了微软；微软错过了搜索，成就了谷歌；谷歌错过了社交媒体，成就了脸书。类似的事件一再发生。

百度错过了移动互联搜索，认为移动互联时代的搜索是从互联网时代平移过去的，因而没有在移动端发力。百度的想不到，成就了今日头条。

滴滴已经是出行市场的领导品牌，为何还要推出新的出行品牌"花小猪"？新平台审核门槛低、车型偏低端、价格低于滴滴，看起来没有必要推出了。滴滴的真正目的是防止竞争对手从低端侧翼切入，就像拼多多对京东和淘宝做的那样。

拼多多的模式没有新奇之处，核心竞争力在于它把握住了三线外市场的升级：中国的广大农村已经实现了村村通路、户户上网，智能手机也普及到了农村。农村人口是中国新一代的移动互联网网民，他们不会过分关注品牌、产品颜值甚至质量，价格优先。很显然淘宝没有看到这个趋势，拼多多从低端市场侧翼切入之后，逐渐成为新的电商巨头。

这也说明，如果你发现了一个领先者想不到的机会，先不要到处声张，不要像领导者那样行动，应该学乔布斯当年的做法。

选择与入局

乔布斯1997年回到苹果，做的第一个产品是彩壳电脑。产品虽然吸引眼球但是并没有对惠普、康柏、微软、宏碁造成威胁。所有人都盯着乔布斯回归苹果会有什么新动作的时候，苹果2001年发布了iPod，一个小小的音乐播放器。这个产品根本没有引起竞争对手的重视，在美国人眼里音乐播放器是亚洲公司的玩具。

当 iPod 卖了一亿部，消灭了所有同类品牌的时候，在此基础上加上通信功能推出的产品 iPhone 就成了传统手机的噩梦。乔布斯靠着 iPod 测试了技术、市场、管理，加上通信功能后推出了 iPhone。

iPhone 是竞争对手想不到的，诺基亚在看到智能手机的时候觉得它待机时间短、画面差，根本不是自己的威胁，柯达对自己研发的数码相机技术也是同样态度。传统手机依旧看低智能手机。

定位理论认为，领导者打防御战，第二品牌打进攻战，其他品牌应该打侧翼战和游击战。而侧翼战和游击战的特征就是，要悄悄地进行。领导者想不到是没看到新的机会，而看不上是看到了新的机会却主动放弃。

如果当初 IBM 能看到个人电脑的市场，微软也就不一定会这样成功。阿里巴巴当年没有进入本地生活服务类市场，因而成就了美团。

江小白开创的小瓶酒品类，也是酒业巨头们没有看上的市场。数码相机之于柯达公司，智能手机之于诺基亚，一开始都是"人微言轻"的小角色。

长城汽车旗下聚焦经济型 SUV 的哈弗汽车的战略路径，首先是避开了 15 万元以上的汽车市场。和当时美团面临的竞争环境一样，利润最高的市场是领导者的，长城汽车难以和外资品牌、合资品牌竞争。15 万元以下的汽车品牌中，家庭轿车是国产汽车品牌的竞争重心，吉利、比亚迪、江淮等品牌互相厮杀，长城汽车活得辛苦：2009 年的销售额在百亿元左右，利润在 10 亿元上下。于是哈弗汽车避开了 15 万元以下的家庭轿车市场，选择了其他品牌没有重点布局但是有前途的经济型 SUV 市场。2019 年长城汽车销售额近千亿元，利润近百亿元，体量翻了 10 倍，股价增长 70 多倍。

简一大理石瓷砖开创了大理石瓷砖品类后，其他瓷砖品牌纷纷上线同类产品，但是很少有品牌思考竞争的问题。只有金尊玉瓷砖，一方面跟随简一大理石瓷砖开创的市场机会也进入大理石瓷砖品类，另一方面寻找与简一大理石瓷砖的差异化，开创了更耐磨的大理石瓷砖。同时金尊玉更名大角鹿，年营业额实现了300%的增长。同样进入新品类的还有诺贝尔瓷砖，它开创了白色顶级大理石石材品类。

攻击固有弱点

攻击固有弱点最经典的案例，是农夫山泉发起的针对纯净水和矿物质水的进攻战。纯净水很干净，但弱点也是"干净"：不含有矿物质，对身体健康没有额外的帮助。

矿物质水的矿物质是人工添加的，在普通人的认知里不如天然含有矿物质更好。农夫山泉招招致命，每一步都打在了竞争对手的固有弱点上。

所谓固有弱点，是竞争对手的优势中含有的弱点：纯净水干净，但是太干净就没有矿物质；可口可乐是正宗可乐，但是太正宗就显得不够"年轻"。

机会三角不能单独使用

我们认为，定位理论是一个体系，如果不能系统理解定位理论就会陷入为聚焦而聚焦，把企业定位与品牌定位混为一谈的困境。如果只盯着竞争对手，忽略了对用户心智的洞察，肯定是不对的；只盯着竞争对手，忽略了品类趋势和外部环境的变化，也是不对的。

总之，新品牌的机会来自对现有市场的切割，存在于市场领导者想不到、看不上、做不到的机会中，我们将其总结为机会三角模型（见图3-4）。

新的市场进入者，要从市场领导者想不到、看不上和做不到的地方寻找机会。

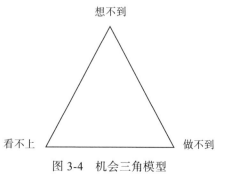

图3-4　机会三角模型

第三节 优势转换

陷入发展困境的 IBM

经过多次跨界发展的 IBM，在软件、硬件、大型机、个人电脑、芯片等各个领域都有所涉及，但都不是最强的。大型机时代的巨人 IBM，是苹果、微软时代到来之前的霸主，市场份额一度达到 80%。IBM 什么都做，到了 20 世纪 90 年代初，IBM 的各个领域都被专业选手冲击：在硬件领域被戴尔、苹果打败，软件领域屈居微软、甲骨文之下，芯片领域被英特尔占据，个人电脑业务被惠普等公司超越。到了 1993 年，IBM 的亏损达到了创纪录的 81 亿美元。

微软、苹果、英特尔这些专家品牌，当年在整体体量上和 IBM 相比，是没有优势的。但是当这些品牌集中所有兵力出现在各自领域的时候，就具备了相对优势。IBM 四面受敌，无力应对。

最明显的缺点背后也是最大的优点

杰克·特劳特的逻辑看起来很简单：既然 IBM 什么都能做，那就应该做那个最全面的品牌。

很多年前，我建议 IBM 用"电脑集成服务"的定位替代"大型主机"的定位，从而协助这个"蓝色巨人"成功转型。当时的"蓝色巨人"连续几年巨亏，已是摇摇欲坠，主流的应对办法是将 IBM 肢解成多个公司。

这也不奇怪，因为 IBM 当时既是世界上第二大硬件公司，也是世界上第二大软件公司，还是世界上第二大芯片公司。我的看法是，既然只有 IBM 掌握了最全面的计算机技术，它就理应为客户提供最佳的电脑集成服务。

在另一些人的眼里，IBM 这也不行，那也不行，硬件、软件、个人机、大型机都不是第一，就应该砍掉盈利比较低的几个业务，集中发展最赚钱的那个。在他们眼里,大型机之外的业务都是"鸡肋",都是要"壮士断臂"的业务。

重新定位的武夷山

王志纲在给武夷山做策划的时候,也遇到了类似的困惑和转机。他在《找魂》中分享了武夷山的案例[一]。旅游资源丰富的武夷山,在哪一个领域都没有拿下"单项冠军",王志纲从自然遗产和文化遗产方面分别做了细致的分析。

自然遗产方面。论水,武夷山虽说有令人心旷神怡的九曲溪,但却比不过三峡的气势、西湖的柔情、漓江的舒展;论山,武夷山虽说也有令人叹为观止的丹霞地貌,但也比不过泰山的雄伟、华山的险峻、庐山的妩媚;论茶,武夷山也有丰富的茶文化,其特产的岩茶闻名遐迩,但却比不上杭州的千年龙井。

文化遗产方面。论传统儒家文化,武夷山是朱子理学的摇篮和圣地,南宋著名理学家朱熹曾在此著书立说、生活长达50年之久,但它却无法与山东的曲阜比肩;论佛教,自唐代起就有高僧建寺于山中,素有"华胄八小名山之一"之名,但也无法与五台山这样的佛教名山相提并论;论道教,武夷山是道教三十六洞天之十六洞天,相传有诸多道教名流在此修炼,却又比不上久负盛名的武当山。

王志纲认为,武夷山要想在名山大川之间的同构性竞争中胜出、后发先至,必须给游客一种全新的形象和理念,并将其概括为一句话,使之成为品牌无形资产的载体,让人一见倾心、一见如故。

最后,灵感所至,王志纲终于为武夷山找到了定位:千载儒释道,万古山水茶。论自然遗产、论山论水,论文化遗产、论儒释道,武夷山都不是顶尖,这个状态和转型时期的IBM是一样的,总结起来就是:这

[一] 王志纲工作室. 找魂:王志纲工作室战略策划10年实录[M].北京:东方出版社,2006.

也不行，那也不行。但是奇妙之处在于，王志纲和特劳特都在看似劣势的表象之下看到了品牌的优势，王志纲对武夷山的"找魂"，和特劳特对 IBM 的定位如出一辙、殊途同归。其实，如果换个角度来梳理，武夷山的优势正在于全能而不是单项。

善用空性

这种定位或"找魂"的思维核心，是善用空性。空性是佛教词语，梁文道将空性的含义解释为：有或没有都不是一个绝对的状态。没有任何东西能够始终维持一个固定不变的本质。

我们一般认为事物有一个绝对的状态，是来自情绪脑的生存本能，生存本能要求我们迅速判断事物的价值、它是否有利于生存。而空性认为事物没有固定不变的本质，是来自理性脑的分析。

理性脑的启动，需要我们刻意练习、有意注意、时时觉察。从这个角度上说，商业行为有其哲学内核。

从情绪脑的本能反应来看，IBM 每一个业务都不顶尖，武夷山也是一样。但是只有跳出情绪脑的本能反应，启动理性脑的刻意分析，才能发现 IBM 和武夷山的另一层本质。

特劳特是很好地应用了空性哲学的那个人。他在 IBM 的表象背后，看到了它"掌握了最全面的技术"的优势。事实上，微软的重新振兴也是靠这一招，别人都是专业选手，只有微软是全能选手，最适合大企业、银行、政府这样的客户。

固有弱点

可口可乐的优势是经典、正宗，但是这个优势中的固有弱点就是老迈；奔驰的优势是豪华、尊贵，而这个优势中的固有弱点就是笨重。特劳特在书中也提到了太极的模型，固有弱点正是事物的优势中自带的。

这个现象也被称为优势反制和内卷化。

柯达是相机、胶卷行业的领导者，它在 1886 年就推出了便利、易操作、小巧的柯达照相机，1935 年推出彩色胶卷，巅峰时期占据全世界三分之二的市场份额。

柯达在 2012 年申请破产，因为数码相机取代了胶卷相机，就像智能手机取代了传统手机一样。但是破产前的柯达有 1100 项数字图像专利，技术实力远超同行。

技术优势遥遥领先，还被自己开创的技术淘汰，原因是柯达内部反对推行新技术。由于胶片行业的巨大利益，柯达的转型成本很高，转型就必然会损害现有团队的利益。柯达在胶片行业的优势反而导致了它在数码时代的转型失败，这就是优势反制。

重新定位的心法就是在竞争对手的固有弱点上建立定位，弱点战略的提出者田赣在给一个美藤果油品牌做咨询时，根据这个品类纯植物降血脂的特性将其定位为非鱼油。这一定位瞄准鱼油降血脂的功能，在对方的固有弱点"动物油"上建立定位，强化了美藤果油纯植物的特性。

可口可乐的经典和老迈，就是百事可乐的机会；百事可乐和可口可乐的咖啡因成分，就是汽水的机会；奔驰的豪华和笨重，就是宝马的机会。

固有弱点的转化

固有弱点就像是太极中白色部分中黑色的点，或者像黑色部分中白色的点。瞄准竞争对手的固有弱点，就能找到自己的机会。特劳特没强调的是，竞争对手的优势可以被转化为弱势，我们的弱势也可以转化为优势。

如果每一个有优势的事物都含有一个弱点，那么是不是每一个看似弱势的事物都有一个优点呢？这个优点正是事物的弱势中所固有的？我们认为是的。就像太极图展示的那样,优势和弱势是相互包含的,也是可以相互转化的(见图3-5)。

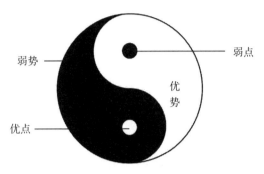

图3-5 优势—弱势转换模型

前面讲的IBM和武夷山的例子就是这样:看似没有转机,但是在调整思路后看,弱势就成了优势。这样的例子有很多,如麦当劳与肯德基、肯德基与真功夫、真功夫与乡村基、乡村基与老乡鸡,又如茅台与青花郎、奔驰与宝马、红牛与魔爪、王老吉与和其正、贝蒂斯与欧丽薇兰、小罐茶与2000米高原红茶。

克服固有弱点:自我进攻

任何一个强大的定位背后都有弱点,那么作为强大的定位本身,如何防御潜在竞争对手的进攻?那就是自我进攻,提前防御。

瓜子二手车的二手车直卖网的定位,攻击了线下二手车交易平台和线上其他二手车交易平台的固有弱点:有中间商赚差价。配合大量的广告投放,瓜子二手车的进攻战很成功,迅速占据二手车直卖网的定位。但是这个定位也有一个固有弱点:交易慢。毕竟个人卖家和买家都不是专业人士,交易操作起来并不熟练。你可以想象一下没有房产中介的情况下,房主和买房人如何交易。因为这个固有弱点,瓜子二手车的美国同行Beepi在2017年宣布关停。

瓜子二手车为了弥补这个弱点，推出保卖服务，既没有影响直卖的定位，又保证了交易效率和速度。值得强调的是，瓜子二手车并没有因为直卖效率低而放弃这个定位，而是用保卖的战术来保证直卖的战略实施，把直卖当作战术还是战略区别是很大的。

从产业链来看，新车交易是二手车交易的上游，如果新车交易平台出现领导者，那就可以沿着自己的优势位置开展二手车交易业务。意识到这一点的瓜子二手车推出了新车交易品牌：毛豆新车网。

京东在赢得了对当当网和苏宁的进攻战之后，实力大增，随即把目标指向了淘宝。淘宝的定位是网上交易平台，众多卖家入驻，没有消费者淘不到的东西。但是其固有弱点是，因为交易量巨大导致物流压力大，送货慢；因为大量的商家存在导致监管难，品控没有保障。

京东的进攻战术很简单，猛攻淘宝送货慢、品控没有保障的弱点，在广告中表示自己平台送货速度有保障，产品的品质更有保障，没有别的平台存在的问题。

针对京东的正面进攻，阿里巴巴推出了天猫和承诺国内 24 小时送达的菜鸟物流。如果阿里巴巴能够主动自我进攻，弥补固有弱点，就不会一度处于被动。

农夫山泉代言了天然水品类。"我们只是大自然的搬运工"的广告语深入人心，具有很高的语言艺术性，也延续了农夫山泉天然水的定位。农夫山泉的成长历史，就是一路攻击竞争对手固有弱点的战术史。针对纯净水，它提出纯净水缺少矿物质，不利健康。针对矿物质水，它提出矿物质水是人工添加矿物质，不天然。那么农夫山泉的固有弱点则是"水源地是否优质"。

为此，农夫山泉有了新的防御动作：宣传自家水源地，强调为了找一个合适的水源地，农夫山泉付出了很大努力。农夫山泉还请来知名导演拍摄纪录片式的广告，展示水源地的风景。"什么样的水孕育什么样的生命"，野生动物的存在证明水源地的环境状况优秀。农夫山泉的一系列防御动作，弥补了天然水的固有弱点。

橄榄油品类代表者之争中，贝蒂斯橄榄油输给了欧丽薇兰。表面上看，贝蒂斯的定位更有优势，但是由于错误地估计了竞争环境、执行力，以及没有及时弥补自身弱点，贝蒂斯错失了成为橄榄油代表品牌的机会。

欧丽薇兰定位在贝蒂斯的对立面：贝蒂斯是原装进口，欧丽薇兰是国内罐装；贝蒂斯经皇室认证，出身正宗，欧丽薇兰形象年轻；贝蒂斯定位礼品，欧丽薇兰定位自用；贝蒂斯定位高端，欧丽薇兰价格适中。

优势位置的反面就是竞争对手的固有弱点。欧丽薇兰的弱点是国内罐装、非原装进口，这一点成为贝蒂斯的攻击点。对欧丽薇兰来说，身为千亿级企业旗下的品牌，原装进口根本不能满足它的母公司益海嘉里的渠道需求，因而必然选择国内生产、罐装。

及时弥补非正宗的弱点，成为争夺品类代表者位置的关键步骤。欧丽薇兰获得了国际奖项，体现了品牌的专业度，很大程度上弥补了国内生产不够正宗的弱点。但是贝蒂斯没有及时弥补自己的弱点：原装进口，不够新鲜。

优势背后有弱势，弱势也可以转化为优势。所以身处优势的时候，要警惕不要让优势向相反的方向发展；身处弱势的时候，要把握外部趋势的变化，进而扭转局面。

优势中含有弱势，弱势中含有优势。发起竞争的一方，可以主动推动自己的弱势向优势转换，同时推动对手的优势向弱势转换。

CHAPTER 4
第四章

聚焦是唯一原则

第一节 聚焦与追击

集中优势兵力

特劳特在《营销革命》[一]里将军事中集中优势兵力的策略应用于商业,提出聚焦定位理念。作者这样阐述:

你已经深入一线,获取了大量信息,也认真观察研究了影响你所在市场的长期趋势,现在你应该做些什么呢?

聚焦。

历史上,战争取得胜利是因为将军能够将其兵力集中于决胜点。换

[一] 本书中文版机械工业出版社已出版。

句话说，这些将军能够将他们的资源聚焦于前线的单一进攻点。

"集中兵力形成压倒性优势，"克劳塞维茨说，"这是军事上的基本原则，必须首先树立这一目标，并且要尽全力保持这一优势。"

滑铁卢战役的胜利，是因为威灵顿将军能够在关键时刻让普鲁士盟军加入这场战争。

拿破仑兵败滑铁卢，是因为他没能在同一时间只针对一个敌人作战。

《营销革命》里提到的聚焦意味着取舍，所以难以做到。人的天性就是获取更多、占有更多，即使超出必要。占有太多，就不可能聚焦。

商场如战场。战场上的指挥官面对四面而来的竞争对手，总会迫于压力四处开火。这边来了一个竞争品牌，他就向这里开火，那边过来一个竞争品牌，他就向那里开火。最后，商战中的指挥官面对四处冒烟的丛林，消耗着营销费用，等到真正的机会出现时，已无法在关键局部集中优势兵力。

西贝的成功得益于聚焦

西贝找了很多咨询公司，一开始定位西北民间菜，后来定位烹羊专家，最后又回到了莜面村的定位。不管是西北菜、烹羊专家还是莜面村，都是占据心智的传播效果，并不代表西贝的实际经营状态。

西贝真正的转折是把100多道菜精简到三四十道，把3000多平方米的店面缩减到不到300平方米。2014年西贝在北京财富购物中心开了第三代门店，集中体现了舍弃和聚焦的做法。100多道菜和3000多平方米的店面，意味着较高的员工管理成本和复杂的采购系统，更会影响上菜速度。西贝的口号是：闭着眼睛点，道道都好吃。如何能做到？除了聚焦别无他法。

我们不能否认，肯定有餐饮品牌能做到100道菜道道都好吃。我们也承认，提供三四十道菜时，西贝更容易管理后厨，更容易把握质量，也更容易提高前厅服务质量。尤其是考虑到西贝在全国有几百家门店，聚焦和舍弃是必不可少的。每增加一道菜，都意味着管理难度的指数级增加。

当然，聚焦不是随意舍弃，聚焦是在关键局部集中优势兵力。关键局部是什么？现在菜单之外的那些不是被随意舍弃的，一定是基于日常经营的数据和对竞争对手的考察。这也是战术决定战略的意义。

聚焦新闻报道的 CNN

在美国有线电视新闻网（CNN）出现之前，新闻节目只有 15 分钟。但是 CNN 认为，市场需要一个全部都是新闻的频道，然后 CNN 在频道内容上进行聚焦，其出发点是基于对观众需求的洞察：观众想要随时随地了解这个世界发生了什么，而不是等到那 15 分钟才知道。

CNN 是世界上第一个 24 小时全年无休的新闻电视台，也是目前世界上影响力最大的传媒机构之一。

聚焦全年销售额的"双十一"

每年"双十一"都会引起社会的巨大关注。有人认为，"双十一"期间看似销售额很大，但实际上是把前后几个月的销售额集中在一天释放而已，甚至很多人一年就等这一天下单，本质上全年销售额没有明显提升，"双十一"并没有改变什么。

一整个水库的存水，以涓涓细流的形式流淌出来和打开闸门瞬间释放，是截然不同的效果，即使水量本身没有变化。这种集中释放，对阿里巴巴的管理能力、物流承受能力是一个巨大的考验，同时也是一个绝佳的宣传机会。

以少胜多是小概率事件，一件事情的成功，通常是压倒性地投入时间和金钱促成的。即使是在总量不变的前提下，集中一次性投入和分散多次投入，效果也截然不同。

聚焦捕食大型动物的森蚺

森蚺是生活在亚马孙河流域的巨蟒,最长可达 10 米,是自然界的统治者,成年后几乎没有天敌。森蚺的捕食停留在大型动物出没之地,等待捕食的时间可能是十几天,这段时间它能够保持一动不动,小型动物从身边路过也毫不在意,甚至出现在嘴边它也不在意。树叶落在身上,苔藓慢慢长出来,森蚺看上去像是一根外形像蛇的木头。直到大型动物如凯门鳄、美洲豹出现,森蚺才一跃而起,绞杀猎物。

聚焦的更大意义:占据心智

简单的信息更容易占据心智。王老吉在品牌打造之初,并没有着急推出大瓶装,虽然事实上大瓶装更能满足顾客需求:在聚会场景大瓶装更方便。王老吉只推广一款产品:330 毫升红罐王老吉。它的目的很明确,就是为了在第一时间占据心智。

如果在品牌打造初期就推出多款产品,会增加心智的认知负担。顾客在面对凉茶饮料的时候,就会产生困惑:到底哪个包装才是正宗的?

可口可乐的视觉锤是弧线瓶,在推出罐装产品之后,可口可乐依然把弧线瓶的视觉形象放在罐装包装上,就是为了减轻心智的认知负担,提高品牌与顾客之间的沟通效率。

巴奴的聚焦

巴奴聚焦毛肚,并且说服务不是巴奴的特色,毛肚和菌锅才是。为何聚焦毛肚不聚焦别的?因为《2017 年火锅大数据报告》显示,毛肚是火锅菜品中被选概率最高的一道菜。

巴奴聚焦毛肚之后,海底捞也上了毛肚,并且卖得比巴奴还便宜。巴奴继续增加毛肚产品的类型,海底捞就不能再跟随了,因为跟随到超越某个边界时,海底捞就"成为"巴奴了。

聚焦战术的有效之处在于,竞争对手很难放弃现有的优势来跟你竞争。别人不能割舍,你能,你就赢了。当然巴奴没有停留在毛肚这一个菜品上,而是悄悄地把聚焦毛肚的概念升级为了产品主义的概念,推出了新西兰毛肚、湖北清江鱼、麦香小油条、阳光绣球菌等明星产品。

徐记海鲜的聚焦

在聚焦商务宴请之前,徐记海鲜有团餐、婚宴、家宴,多种业务模式增加了管理难度。聚焦商务宴请之后,徐记海鲜首先舍弃了团餐、婚宴、家宴,只保留四人餐桌,增加商务宴请的私密性。

聚焦能够为企业带来更大的竞争力,体现在两方面:一是在用户心智方面,聚焦能降低潜在用户的认知负担,让企业产品成为某个品类的首选;二是在内部管理方面,聚焦能降低企业内部的管理成本,企业也是由人组成的,也遵循心智的规律。

聚焦之后不能停止追击,就像侧翼战要转化为进攻战。例如,老板电器在聚焦吸油烟机之后,继续聚焦大吸力特性,成为大吸力油烟机的代表品牌,继续做大这个品类在整个吸油烟机市场的份额。追击远未结束,老板电器继续开发中央吸油烟机系统,和地产商合作,直接把吸油烟机嵌在整体建筑里。

康师傅方便面的聚焦

1988年台湾企业顶新集团进入大陆市场,1992年推出了康师傅红烧牛肉面,因为其在上市前的调研中发现,主流顾客更喜欢牛肉味面条。初期的市场测试成功后,聚焦单品的康师傅展开了大规模的"心智战争"。

康师傅集团原副总裁李家群非常明确地说:"最重要的是我们抓住了先机,抢到了'第一品牌'的形象。"1994年,康师傅在央视黄金时段投入重金抢占心智高地，线下则投入 3 亿多美元建设工厂和渠道，线上线下结合迅速占据中国方便面领导品牌地位。

2008 年，聚焦单品的顶新集团获得了丰厚的回报，康师傅红烧牛肉面销量高达 50 亿元，企业整体方便面业务销售额达 143 亿元。而具有 100 多个品项的统一集团方便面整体业务收入为 22.55 亿元，还不及康师傅红烧牛肉面的一半。

统一集团的聚焦

聚焦单品的康师傅此前没有方便面业务，而竞争对手统一集团是台湾的头部企业。调研先行、聚焦单品的康师傅给统一集团上了一课，这也启发了统一集团后来的自救之路。统一集团砍掉九成产品，只保留一成单品，然后全力打造 1 个单品：老坛酸菜面。选择这个单品是因为它在四川市场销量第一，在全国也有良好的认知基础。

聚焦单品对企业管理能力来说是巨大的挑战，这意味着短时间内大量的产能，短时期内单品的销量难以支撑对应的营销成本，同时也意味着经销商体系的动荡和对渠道能力的考验。

但是坚定的聚焦起到了效果：2010 年，老坛酸菜面单品销售额为 20 亿元，贡献了统一方便面全年销售额的 60%；2012 年，老坛酸菜面单品销售额超过 40 亿元。统一集团因为不聚焦而被后辈康师傅超越，又因为准确聚焦而缩小了差距。

王老吉的聚焦

2012 年，王老吉品牌从加多宝集团回到了广药集团。加多宝集团迅速推出新的凉茶品牌加多宝，试图短时期内投入大量资金抢占凉茶代表品牌的优势位置。加多宝集团在渠道、团队、资金、管理、舆论上都比广药集团更具优势，广药集团除了拥有王老吉品牌，很多方面都要从零做起。

广药集团的唯一办法就是聚焦，聚焦有限的资源与加多宝集团竞争。首先是聚焦产品，停止王老吉品牌下凉茶之外的品类授权，如绿豆爽、核桃露等，让王老吉聚焦凉茶品类。

其次是聚焦渠道。广药集团在传播上节省资源，在终端铺货上聚焦资源。渠道表现就是心智表现，在渠道终端看不到王老吉的话，传播上存在再多的声量也没有意义。加多宝集团的渠道集中在市区的卖场和餐饮店，乡镇和农村则相对薄弱，市区的便利店和夫妻店也相对薄弱。王老吉实行农村包围城市的策略，先从薄弱处突破。

最后是聚焦市场。广东是凉茶的第一大市场，凉茶在广东和浙江的市场份额超过全国市场的30%。广药集团把这两个市场置于决战位置，除了销量的原因，还因为王老吉品牌在这两个市场认知度最高。

聚焦资源的广药集团夺回了凉茶市场，王老吉的品牌案例在世界范围内都是罕见的，这场商战的启发意义还不止于此，我们会在后面的内容中继续分析。

聚焦与追击模型要说明的是：品牌首先要选择一个足够小、能够占据的生态位，然后再做大生态空间。先做小池塘里的大鱼，再把池塘做大。

第二节　原点人群

原点人群是指顾客群体中具有适宜性、权威性、示范性的人群，他们对产品和品牌有高于一般顾客的鉴别能力和购买能力，因而对其他人的消费选择有明显的影响。人有从众心理，这也是社会学家和历史学家一直研究的课题。《乌合之众》《社会性动物》《狂热分子》等书都是在讨论人类的从众心理。

周作人在《民俗研究》中说，民俗的传播是从上至下的，先是在城里引起风尚，然后才一层层传到乡下。可见原点人群的概念，并不只存在于商业世界中，它本来就是人群的特征。

人们并不容易接受陌生的事物，解决之道一般有两个：一个是用已有认知来解释新事物，如汽车是不用马拉的车，硬盘是能存储 3 万张 A4 纸信息量的工具；另一个是赢得原点人群的认可，如果专业运动员选择了你的运动装备，那么运动爱好者很可能也会选择你。

原点人群的传播首先是从少到多（见图 4-1），其次是自上而下（见图 4-2），总体来说，传播路径是从高势能的小众群体，到低势能的大众群体。

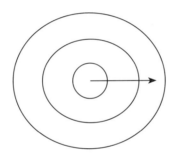

图 4-1　原点人群的传播路径：从少到多

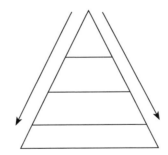

图 4-2　原点人群的传播路径：自上而下

适宜性、权威性、示范性

选择原点人群时要避免非适宜人群，江小白作为白酒行业的现象级品牌，在营销传播中过于成功，引来了一批非适宜人群。他们不常喝酒或者不习惯江小白的味道，认为江小白不好喝，进而得出江小白是靠文案、营销起家的，没有产品能力。但是，同样不习惯茅台酱香味道的人，却不会认为茅台没有产品能力，而是觉得自己还没适应。因为茅台通过精准的原点人群切入，已经打造起来较高的品牌势能。

王老吉从火锅餐饮渠道人群切入，是适宜性、权威性、示范性的选择（见图4-3）。首先，吃火锅的人往往会担心上火的问题，相比之下可乐等汽水难以解决这个问题。其次，餐饮渠道中的饮料比超市贵，吃火锅的顾客也比一般顾客更需要喝饮料，另外王老吉也有意识地选择一线城市的餐饮渠道作为早期市场，这些顾客的消费能力相对高一些。最后，餐饮场所是公共场所，如果顾客都在家里喝凉茶，就没法产生大范围的示范效应。

图4-3　原点人群模型

第一个原则是适宜性。企业选择品牌代言人的时候特别要注意适宜性原则。以二手车交易平台品牌为例，二手车交易是大宗货物交易，需要谨慎和理性，这时候选择严肃一点的代言人才符合品类的调性。一些明星知名度很高，但是其人设与品牌定位不太匹配，则不适合选为二手车交易平台的代言人。

欧丽薇兰是橄榄油品类，选择有自己美食节目的明星和米其林三星主厨做代言人是适宜的，在权威性上也合适。

饿了么选篮球明星做代言人并不是最符合适宜性原则的选择。外卖品牌的第一属性是快速，篮球明星相比短跑运动员而言，"快速"这一信息被弱化了，品牌如果选择短跑运动员或许会更合适。饿了么创始人张旭豪认为，饿了么需要注入敢于拼搏的品牌精神，这是内部思维。顾客在外卖这个品类上看重的是快速配送、食品安全、价格实惠，拼搏是企业自己的事，跟顾客关系不大。

耐克选择篮球明星做代言人就很合适，耐克做运动装备，这一选择具备适宜性（篮球运动员）、权威性（顶级的体育明星）、示范性（曝光度高）。

杜国楹做好记星的时候，没有足够资金像其他品牌一样在商场铺专柜，于是选择和书店合作，在一堆教辅书里卖学习机。商场的人流量虽大，但是书店的顾客却和学习机的用户重合度更高。

第二个原则是权威性。吗丁啉作为治疗胃病和消化不良的品牌，一直深耕医疗渠道。患者遇到消化不良的问题时，医生通常会推荐吗丁啉。这对品牌来说是极为利好的现象：医生当然是药品选择的专家。

大众点评的用户按照级别从一星一直排到七星，七星级的用户经常会被商家和营销公司邀请免费体验，甚至商家会支付报酬，因为他们的评价对其他用户有明显的带动作用。

一些企业主乐于自己做企业的代言人，具备了适宜性，但是违背了权威性的原则。

第三个原则是示范性。最典型的例子是在新店开业时雇人排队，示范性很强，甚至有时候你明知道这是套路也会忍不住跟着排队。露露乐蒙（lululemon）是专业瑜伽裤品牌，2022年7月市值已达374亿美元。在原点人群的选择上，露露乐蒙做到了适宜性、权威性和示范性。露露乐蒙选择当地的瑜伽教练、健身教练作为自己的原点人群，他们适应性和权威性都足够，露露乐蒙选择这些人作为自己在当地的品牌代言人，请专业摄影师为代言人拍摄照片并放在当地门店和品牌官网，还给予他们新品免费试穿等福利。

官网信息显示，露露乐蒙的代言人系统由 3 个层级组成：精英大使，即国际级的明星运动员；全球瑜伽大使，即全球瑜伽领域的顶级大师；门店大使，即各城市的运动意见领袖，露露乐蒙尤其喜欢签约小工作室的创始人。露露乐蒙的代言人中有瑜伽教练、健身教练，也有运动员、创业者、摄影师、艺术家等。除了以上明确签约的代言人外，露露乐蒙还把店员和顾客定义为自己的代言人，露露乐蒙的目标群体是"超级女孩"：25—40 岁，学历高，收入高，能承担得起高于同类品牌 3 倍的价格。

能够为"超级女孩"服务的，也应该是"超级女孩"。露露乐蒙为此付出了高于同行业的薪资，就是为了招聘和它的顾客属于同一个群体的员工。你服务什么样的顾客，就得雇用什么样的员工。

露露乐蒙的门店不只是展示产品的场所，更是发起活动的地方。顾客进入门店后首先不是被推荐产品，而是被邀请参加瑜伽活动。声势浩大的大型活动（最多可达上千人）是示范性极佳的品牌展示，十几个人或者五六个人的小型活动则随时可以组织，每次活动都是原点人群为露露乐蒙做的品牌展示。

特斯拉的原点人群

早期特斯拉的定位很准确：高端纯电动轿跑。要高端，要轿跑，才能吸引原点人群购买。汽车的科技感、创新力和品牌带来的猎奇心理会吸引一大批对价格不敏感的忠实用户，激发购买行为。特斯拉品牌的名字来自科学天才尼古拉·特斯拉，科技感十足。新产品通常是从高收入人群切入的，因为他们有权威性和示范性，同时也乐于尝试新事物。特斯拉的原点人群也包括马斯克自己，他非常乐意把自己包装为现实中的钢铁侠，不断给大众顾客提供特斯拉相关的话题。特斯拉选择了高收入顾客作为原点人群，如娱乐明星、资本新贵等。这一方法在美国屡试不爽，特斯拉在中国如法炮制：在社交媒体上策划营销事件并传播，进而产生示范性作用。

对国产电动汽车品牌（蔚来、理想、小鹏、威马、欧拉等）而言，品牌的创始人不适合拥有明显的人设、争议性的话题、猎奇的故事等，因此并不需要运用这种品牌营销模式。

农夫山泉的原点人群

农夫山泉的原点人群是青少年群体，它的按压瓶装就是为原点人群设计的。《不同于奥美的观点》里论述了农夫山泉围绕原点人群的营销手法：

农夫山泉的定位是"天然水"，在目标群与渠道上，农夫山泉加强了对中小学校学生的推广，因为成长期的孩子"更不可缺少必需的营养物质"；在广告里，农夫山泉尖锐地提出了天然水和纯净水在营养物质上的比较。它的公关活动，则更多地支持与赞助"营养物质容易流失，特别需要补充"的体育运动健儿。

网易云音乐的原点人群

网易云音乐入场的时候，腾讯音乐、酷狗音乐、酷我音乐已经把音乐版权买得差不多了，如果直接把歌曲资源搬运过来就是侵权，复制竞争对手的路线也不现实。网易云音乐把目光投向了小众音乐，如民谣、地下摇滚、电音等，这些领域的音乐人多数是未成名的独立创作歌手。网易云音乐先从这个人群突破，积极帮他们在线下组织粉丝见面会，随之扩大网易云音乐的知名度。

随着这些独立创作歌手的成名，他们的粉丝越来越多，网易云音乐也进入了大众视野。因为独特的增长路径，网易云音乐成了乐迷们的情感社区，很多人在歌曲下抒发情感、怀念故人、感叹人生，这成了网易云音乐的独特竞争力。

网易云音乐已经不是一个简单的听歌App，而是一个情感倾诉地，一个秘密树洞，一个人们相互安慰的社群。同类的听歌App做得再好，也只是在音乐版权或音质上发力，这些事情对于百度、腾讯、阿里巴巴这些大企业来说并不难，但是网易云音乐已经有了先发优势，其他企业投入得再多，也不可能发动大批用户畅谈，就算这么做了，网易云音乐已经"跑出去一百米"了，而且持续领先。网易云音乐把握住机会，在2018年选了几千条用户留言集中投放在杭州地铁，引发全网传播，正式成为主流音乐应用（见图4-4）。

图4-4 网易云音乐在杭州地铁的宣传活动

品牌要从一个小众的、高势能的人群开始传播，像水面上的涟漪一样逐渐扩散至大众人群，或者像金字塔一样从顶端向下传播。

第三节 品牌延伸

我们明确反对随意品牌延伸，同时也反对盲目地推行多品牌战略。什么时候可以做品牌延伸？满足三个条件之一就可以：非战略品类、无主导能力、品类前景较小。

对品牌延伸的理解有三层境界：第一层境界是盲目品牌延伸，第二层境界是盲目启动多品牌，第三层境界是按照情况决定是延伸还是多品牌。

品牌延伸为何风行？因为它看起来毫不费力，又能马上看到效果。品牌延伸本质上是内部思维，认为自己的品牌已经颇具知名度。

在个人的职业发展中，我们通常觉得别人的职业更轻松、更有趣、更赚钱，自己的职业太辛苦、太累、太难做，从而萌生出换工作的念头。一个总在延伸的品牌，就像一个总在换工作的求职者，在每一个方向上都无法建立专业度。

品牌延伸风行还有一个原因是新品牌无法调研。在迈巴赫出现之前，你问顾客这个品牌名字如何，答案肯定是模糊的，因为顾客大概率不知道这个品牌是做什么的。如果你问高端奔驰这个品牌名字如何，顾客通常会说不错，因为他知道奔驰，也就能理解高端奔驰。但是高端奔驰并不是一个好的品牌名。

王老吉没有出现之前，哈弗汽车没有出现之前，农夫山泉没有出现之前，新品牌是没办法做同类产品的市场调研的。那么这些领域的市场份额是多少呢？经济型 SUV 只有 3% 不到。凉茶和天然水呢？几乎是零。

用一个新品牌做新品类，前途似乎未知。用现有品牌做新品类，好像还有希望。品牌延伸能够给企业主带来一点点安全感。

品牌延伸是从已有的品牌认知中借贷心智份额

因为内部思维作怪，品牌延伸常常难以避免。品牌延伸本质上是一种借贷行为：从已有的品牌认知中借贷一些心智份额出来，用在新产品上。但是借了要还，还有利息，品牌延伸是一种事实上的短视行为。

从长期来看，借贷来的心智份额迟早要还。但是因内部思维导致的短视，使创业者忽视了未来要付出的代价。相比之下，能克制住品牌延伸的冲动，是一种延迟满足的心理状态。心理学实验证明，拥有延迟满足能力的人常常有长期计划，更容易在竞争中胜出。

《稀缺》的作者发现，穷人最爱借贷，并且一旦借贷就离破产不远了。局外人可能会问，难道他们不知道这样很危险吗？事实上，他们当然知道，但是破产是未来的事，对于他们来说，解决当下的危机更重要。

在品牌延伸问题上，创业者和选择即时满足的人心理状态一致。难道他不知道借贷心智份额很危险吗？他当然知道，只是和解决当下的问题相比，未来的事情就没那么重要了。以公牛品牌为例，如果它要做小家电、照明等新业务，一些咨询公司会建议公牛启动新品牌，甚至配备新团队。但是这都意味着新的支出，企业内部是抵触的，这时候一些人就会鼓励企业用原有品牌做新品类，甚至鼓励企业做家居全品类。

公牛可以做开关，首先是因为公牛集团线下渠道的强势，公牛在下沉市场有130万个渠道网点、90万个广告牌，这是西门子、飞利浦等无法触及的渠道。其次是插座和开关在认知上有弱关联性。这种关联性是因为插座和开关同属电器，类似油条和包子的关系。如果公牛做照明，它就不敢这么任性了，因为照明品类有强势品牌雷士。

一些咨询公司的意见可能是，公牛可以定位全屋电器，自然也可以做公牛照明，可以做公牛浴霸、公牛射灯，跟雷士一较高下。然而，它们或许忽略的是，公牛能做公牛开关，是因为开关品类没有强势品牌，也因为开关是个小品类。

延伸品牌为何短期有效、长期无效

品牌延伸本质上是品牌形象论的延续。品牌形象论认为，企业的目的是创建一个品牌，建立品牌忠诚度，然后用这个品牌去覆盖尽可能多的产品。在竞争不激烈的情况下，这种理念是有效的。短期来看，选择延伸品牌往往也有效，但是随着时间递进，效果越来越差。专家品牌则相反，在建立初期效果不明显，随着时间递进，效果越来越好（见图4-5）。

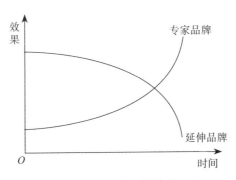

图 4-5　品牌延伸模型

在初始阶段，相比专家品牌，延伸品牌是占据优势的。因为延伸品牌已经有知名度，而专家品牌还在建立知名度。霸王凉茶由于品牌知名度较高，初期销量当然比其他不知名的凉茶要好，而且新产品上市总能吸引来一批喜欢尝鲜的顾客。在餐饮业有句俗语：开业火三天。不管好不好吃，总会有人愿意尝试一下。

延伸品牌都会有一点新手的运气，但就是这个运气稀释了品牌价值，让企业越陷越深，误认为这是长期可行的模式。品牌形象论带来的品牌延伸，误导了很多企业。尤其是部分国际 4A 公司的大力倡导，加上部分企业家的盲目不自信，让品牌延伸的乱象层出不穷。

虽然企业品牌强调关注顾客的品牌忠诚度，但更需要强调忠诚度的是品牌对顾客的忠诚度。品牌今天做凉茶明天做可乐，就是对顾客的不忠诚。品牌忠诚度，应该指品牌对顾客的忠诚度，而不是反过来。

延伸品牌为何长期无效？因为无法应对专家品牌的竞争。延伸品牌的有效，仅限于现有品牌的少数忠实粉丝，而这个人群是有限的。例如海底捞啤酒，在海底捞店内顾客会选择尝试，在商超渠道中该啤酒则毫无竞争力。

乔丹的篮球水平再高，你也不会认为他包的饺子更好吃，这就是延伸品牌没有长期效果的原因。但是乔丹的篮球水平如此之高，让他名气很大，以至于有一些人愿意尝一下他的手艺，这就是延伸品牌有短期效果的原因。

专家品牌为何短期无效、长期有效

专家品牌就是对顾客有忠诚度的品牌。你喜欢凉茶，我就坚持做凉茶；你喜欢皮具，我就坚持做皮具，这就是我的忠诚。品牌因为忠诚，赢得了顾客选择，这就是专家品牌长期有效的原因。品牌尤其要破除"顾客对自己忠诚"的妄念，认为顾客会忠于自己，会购买自己出品的任何产品，实在是一种可悲可笑的内部思维。

专家品牌为何短期无效？因为相比延伸品牌，专家品牌诞生之初缺少知名度。解决之道就是带着信任状出场，例如获得某某重要奖项，实现何种技术突破，短期内实现多少销量，是某种品类的开创者等。比如瓜子二手车规模不大，却是二手车直卖网的领导者，这种认知效应也会为品牌带来更多的关注和投资。

还有一种办法是用现有品牌做背书。例如宝洁、农夫山泉、华为出品的子品牌，常会以母品牌作为背书，打消顾客的购买顾虑。在子品牌成长到可以独立之后，再逐渐弱化母品牌的位置。

专家品牌何时无效

品牌是品类的代表，品类会萎缩直至消失，这时专家品牌就无效了。应对的办法是在品牌高峰期主动细分和进化品类，塑造多个专家品牌。

这样做的难度在于春风得意时要未雨绸缪，就像阳光灿烂的时候去修屋顶。直觉来看，阳光灿烂的时候是没必要修屋顶的，但是阳光灿烂的时候又是修屋顶的最佳时机。一旦品牌开始走下坡路，企业就会忙于救火，应对各种紧急的事务，缺乏资源和机会去"修屋顶"。

成功的企业品类开创案例有亚马逊、阿里巴巴、美团和字节跳动。亚马逊在图书卖得最好的时候进入全品类电商，又在适当的时机进入电子阅读、快递、云计算等领域，并用 Kindle、Prime、AWS 的专家品牌代言新品类。阿里巴巴的专家品牌有淘宝、天猫商城、飞猪旅行、蚂蚁金服、平头哥、菜鸟物流、钉钉等，美团的专家品牌有榛果、猫眼等，字节跳动的专家品牌有西瓜、抖音、飞书等。

总之，通常情况下专家品牌胜过延伸品牌，专家品牌是品牌对顾客忠诚的表现，因而能获得更多顾客的喜爱。

隐性品牌延伸

常见的品牌延伸都是很明显的，如格力手机、海尔电脑、霸王凉茶、百度外卖等。品牌和品类明显不搭，如格力的主力产品空调和手机不搭，这种情况可以称为显性品牌延伸。另一种品牌延伸，我们称之为隐性品牌延伸。如果说显性品牌延伸是豆浆和自行车的关系，那么隐性品牌延伸就是豆浆和油条的关系，甚至是肉包子和素包子的关系，看着很像一回事，但又不是一回事。

从纸质书到电子书

在很多人看来，电子书和纸质书差不多，但是贝佐斯不这么认为，当他看到 iPad 的时候就意识到这款产品可能颠覆纸质书，于是坚持要做一款电子书产品。为了能够研发成功，他甚至对新部门实行物理隔离，将其搬到远离西雅图总部的硅谷，让他们不受干扰。这款新产品的名字叫 Kindle。

Kindle 负责人凯塞尔觉得部门没必要远离西雅图总部，甚至觉得没有必要成立单独的部门负责新产品。用内部思维来看，电子书使用手机或者电脑看就可以，不需要专门的产品。但是贝佐斯认为，这样就不可能真正把握电子书的潮流，因为这还是纸质书的思维方式。

从专业跑鞋到时尚运动装备

耐克以专业跑鞋起家，成为专业运动品牌后开始提供专业篮球鞋、网球鞋、网球帽等产品。在品牌延伸的阶段，耐克没有遇到很大的竞争，毕竟主要对手如阿迪达斯、彪马等品牌也在这样做。专业运动装备的市场还是小了点，如果能让不运动的顾客也购买耐克的产品，市场前景就明显大了很多。

耐克在坚持做专业运动装备的同时，也加入了时尚流行元素，比如请潮流时尚的明星代言，和艺术家合作新产品等，这让耐克逐渐成为一个时尚品牌。这属于隐性品牌延伸，也给安德玛留下了机会。

安德玛从速干衣切入，定位更专业的运动装备。和耐克的时尚感相比，安德玛不那么潮流化，但是更具有专业运动装备的产品特质。安德玛的品牌形象不注重潮流、时尚，而是宣扬运动员辛苦训练、在孤独中坚持的形象，与耐克截然不同。安德玛很清楚，定位时尚运动装备的耐克很难收缩战场，更不会主动放弃潮流时尚市场，而顾客对专业运动装备的需求是一直存在的。安德玛的品牌语言是：放弃非专业的品牌吧，安德玛的产品才是真正的专业运动装备。

从咨询到培训

在咨询行业，培训被视为咨询的流量入口。这样的培训常常是失败的。大家普遍认为，不独立的服务往往会为了创收而失去客观性。比如，参加培训的学员可能会这样想：咨询公司开的培训班肯定向着咨询公司说话，你能客观地说真话吗？

国内的 4A 机构为了拿下推广的单子，不惜把咨询业务打包赠送，长此以往，其咨询能力越来越弱，直至咨询业务失去价值。一些咨询机构提供咨询、设计、推广一条龙服务，认为其创造了新的服务形式，其实也是在走 4A 机构的老路。

把咨询业务独立出来是明智的。专注咨询，只靠咨询业务赚钱，咨询能力才会越来越强。把咨询、设计甚至推广全包了，看似是节省了客户时间，实际是开启了潘多拉魔盒，最终甚至可能会导致咨询的核心价值丧失。迈克尔·波特说，损害企业竞争战略的，是其自身不断增长的冲动。在咨询的核心能力萎缩之后，选择机构的客户少了，自然设计和推广的钱也赚不到了。

奔驰的品牌定位是豪华、尊贵，自然就意味着高价，低端系列车型的推出会破坏奔驰的品牌价值，如果高收入的顾客群体发现所有人都能买得起奔驰，就不一定会选择奔驰的产品，哪怕它还有高端系列车型。因为奔驰的品牌价值被稀释了。

我们把常见的品牌延伸称为显性品牌延伸，把上述延伸称为隐性品牌延伸。相比前者，隐性延伸更难避免。奔驰很明确地知道不能品牌延伸，把自己的高端产品命名为迈巴赫，但是在低端产品上却没有克制住自己。

启动专家品牌，防止品牌延伸，背后是聚焦专业的思维。靠着这样的思维，段永平打造了步步高、小霸王、vivo、OPPO、小天才等多个知名品牌，也舍得投放大量营销费用，但是没有成立自己的广告公司。

段永平说，如果品牌方自己可以成立广告公司，那么现在世界上最大的广告公司应该是可口可乐或宝洁。段永平曾说，当年和他先后夺得央视广告标王的企业，都成立了自己的广告公司，但是今天它们大多数都消失了。他没有浪费心思去做那些自己不擅长的事情，而是专注在产品的迭代更新上。

启动专家品牌，防止品牌延伸，这个原则也是有弹性的。例如三得利在日本市场中，大部分饮料、啤酒和威士忌都用三得利这一个品牌；在炸鸡、汉堡和比萨等品类，就不再使用三得利品牌。在饮料品类中，三得利的绿茶产品因为遇见了强大的竞争对手，启动了专家品牌京都福寿园。整体上看，专家品牌优于延伸品牌，但是否启动专家品牌，要看具体的竞争环境。

第四节 专家品牌

品牌延伸是一个令人争论不休的话题。提倡专家品牌的人会以阿里巴巴的品牌策略为正面案例,如蚂蚁金服、飞猪旅行、天猫商城、菜鸟物流等,这些品牌都发展得很好。我们认为要不要做品牌延伸、何时启动专家品牌,都要看具体情况。不同的品牌所处的品类趋势和竞争环境是不同的,不能一概而论。

从品牌定位三叶草看,只要认知环境允许,就可以品牌延伸。但是从长期来看,大多数情况都不允许。从企业定位三叶草来看(见图4-6),只要企业实力够强,就可以做品牌延伸。例如,三星集团的品牌延伸案例看似成功,但其成功的关键并不一定是品牌延伸。大多数情况下,尤其是在真正的市场经济中,三星集团这种做法是难以走通的。

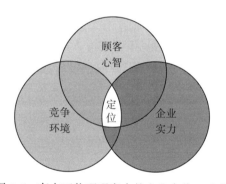

图 4-6　存在于物理现实中的企业定位三叶草

这里我提出新的模型——专家品牌三角(见图4-7),该模型明确指出何时必须启动专家品牌。如果同时满足现有品牌无法覆盖、是战略品类、在企业能力范围内这三个条件,就要启动专家品牌,反之则可以做品牌延伸。

图 4-7　专家品牌三角

美的、卡萨帝、统帅

支持品牌延伸的人总爱拿美的品牌做案例，美的横跨空调、热水器、空气净化器、电饭煲等品类，但是企业也发展得很好。美的的企业战略没有超出白电品类，其品牌延伸是在企业能力范围内的行为。另外，在品牌的传播上，美的将资源聚焦在变频空调。

品牌首先是一个认知中的概念，美的在顾客的固有认知中等于空调（具体来说是变频空调），而不是热水器、电饭煲之类的小家电。相比之下，海尔已经跨出了白电品类进入了黑电品类，春兰更是跨出了家电品类进入了银行、汽车、金融等领域，这就逐渐逼近甚至超出了企业的能力边界。

海尔的家电制造能力领先全球，但是也要收购高端家电品牌卡萨帝。海尔的品牌认知度在低端市场足够高，但是也要启用专业品牌统帅。海尔出海的一个重要经验是：要收购所在国家的本土家电品牌。

卡萨帝和统帅所在的品类都符合这三个条件：现有品牌无法覆盖、是战略品类、在企业能力范围内。

总之，要看懂专家品牌这个概念，首先要区分企业战略和品牌战略，其次要区分认知层面的品牌和运营层面的品牌。

美的作为一个企业，要在战略上关注机器人和芯片的趋势，因为行业趋势事关企业生死，必须要有所投入。而手机、汽车、地产这些领域超出了企业能力，对现有的业务也没有关键性的影响，就没必要进入。

美的作为一个品牌，在传播上要聚焦在变频空调，力争成为变频空调的专家品牌，进而在渠道里带动其他白色家电的销售。但是空调之外的其他品类没必要出现在传播中，因为这样会稀释美的作为变频空调专家品牌的价值。

华为、OPPO、vivo

有人说华为、苹果不都是在延伸品牌吗？其实，华为手机分为Mate、Nova、P系列，苹果公司的产品分为iPhone、iPod、iPad。当然产生这种误解跟两家公司太过强大也有关系。就像三星品牌在韩国可以任意延伸，因为竞争环境允许。企业能力圈和竞争压力呈反比，竞争压力大，企业能力圈就要缩小，反之亦然。

OPPO、vivo最能体现专家品牌的优势，这两个品牌属于同一家公司，一个定位为拍照手机，另一个定位为音乐手机，而且都是在中低端市场的线下渠道铺货，甚至很多时候门店都并排在一起。

两个独立的品牌意味着加倍的营销费用、渠道成本和管理成本，如果用一个品牌是不是更能节省成本？节省成本是必要的，更重要的是创造顾客。专家品牌比延伸品牌更能够创造顾客，这是同一个公司在同一个价位、同一个渠道启动两个品牌的根本原因。

对华为来说，操作系统和芯片是战略品类，也是企业必须且能够占据的品类，因而要启动专家品牌。像耳机这个品类就没有必要，因为不是战略品类，用华为品牌覆盖就没有问题。

小米和天星金融

小米公司的品牌策略很有意思。小米公司有空调，但是它没有能力占据这个品类，所以就用小米品牌覆盖。小米之家的充电宝、路由器、耳机、毛巾、电动牙刷等产品，都不是战略品类，虽然小米公司能够占据，但是没有必要占据，那么这些产品也可以用小米品牌覆盖。小米公司的金融品类是战略品类，也是必须且能够去占据的品类，并且以小米品牌的认知势能无法覆盖，那么就应该启动专家品牌。

天星金融原名小米财富。可见小米公司并非不懂品牌定位，雷军对品牌延伸的边界非常明确。

小罐茶和 2000 米高原红茶

对小罐茶来说，中低端品牌是很容易被从侧翼突破的。如果有竞争对手看懂了小罐茶的品牌策略，在低端侧翼做一款产品，就很容易沿着小罐茶开辟的道路切割它的市场份额。

中低端市场是小罐茶品牌守不住的根据地，那么最佳的办法就是推出专家品牌。这个市场符合专家品牌三角：现有品牌无法覆盖、是战略品类、在企业能力范围内。但是小罐茶好像在两个策略之间摇摆：用 2000 米高原红茶覆盖中低端市场，还是用彩罐小罐茶覆盖中低端市场。

我们认为彩罐小罐茶的策略是错误的，这样会稀释小罐茶的高端属性，给竞争对手留下进攻的机会。就像哈弗汽车曾经想用 H7、H8、H9 去覆盖中高端 SUV，但是最终失败了，损失是 10 亿元级的。

哈弗汽车和 WEY

哈弗汽车最初的定位是中国经济型 SUV 领导者，后来重新定位为中国 SUV 全球领导者，从低端侧翼发起了对中高端 SUV 的进攻战。但是哈弗汽车是定位于中低端的 SUV 品牌，这在顾客认知中的位置已经非常牢固。

哈弗汽车一开始并不这样认为，坚持推出了哈弗 H9，认为既然哈弗 H9 性能配置超过同等价位的其他车，那么就可以卖到 20 万元左右。但是在潜在顾客眼里，哈弗汽车或许并不适合更高的定价。事实教育了哈弗汽车，它推出了新的品牌 WEY。15 万元以上的 SUV 市场，是哈弗汽车的战略品类，是打响中高端车型进攻战的第一炮，也是哈弗汽车的制造能力能够占据的品类，应该启动专家品牌。

品牌能够覆盖就可以延伸

公牛品牌是安全插座的代名词，随着企业能力的进化，公牛品牌已经成了安全用电的代名词。安全插座只是其品牌禀赋的体现之一，只要品类存在安全用电的特性，就可以用公牛品牌去覆盖。例如，汽车充电桩、汽车充电枪、手机充电器，这些品类都可以用公牛品牌覆盖。但是照明这个品类，在顾客认知中跟安全用电的相关性较弱，顾客更关心照明效果如何，是否对视力有影响。现有品牌无法覆盖的品类，就要启动专家品牌。

茅台冰激凌之所以引起很大关注，是因为茅台品牌已经不局限于白酒，而是成了一个话题、一个价值标签，它的影响力已经超出了功能性的层面。

这种情况下，茅台做冰激凌就属于品牌能够覆盖的范畴。它就像某些潮牌或者奢侈品品牌，顾客对其已经产生了精神依赖，即使它做与主业无关的生意，也会受欢迎。当然，我们并不提倡像茅台品牌做冰激凌这样的行为。

品牌延伸并非完全错误，也不是每个品类都要启动专家品牌，一切都要看具体情况。说到底，品牌策略从属于企业战略，而企业战略不能只考虑顾客认知这一个要素。

CHAPTER 5
第五章

重新划分竞争格局

第一节　二元法则

　　二元法则来自外部思维。在外部顾客认知中存在二元法则，在现实的商业世界中也存在二元法则。在美国可乐市场，数一数二的品牌是可口可乐和百事可乐，第三名是皇冠可乐。在中国可乐市场，前三位是可口可乐、百事可乐、崂山可乐，但是第三名市场份额较少。

　　二元法则也存在于互联网行业中，王兴提出过"721"法则：第一名占据70%的市场份额，第二名占据20%，第三名只有10%。互联网企业的竞争可能比王兴说得更加惨烈，阿里巴巴推出即时通信软件来往，试图分割微信的市场，最后连1%的市场份额都没抢到。

《22条商规》^㊀里明确提出二元法则：

最初，一个新品类有很多层阶梯，但到后来，品类阶梯只剩两层。

在电池行业，这两层是永备和金霸王；在胶卷行业，是柯达和富士……

从总体和长远的角度来看，你会发现市场往往演化成两个大品牌竞争的局面——通常一个是值得信赖的老品牌，另一个则是后起之秀。

…………

行业巨头的二元化局面在一些领域已经初步显现：茶饮料领域的康师傅和统一；高档白酒领域的茅台和五粮液；乳业市场的伊利和蒙牛；内衣市场的三枪和宜而爽……可以预见，随着竞争的加剧，竞争壁垒将被逐渐打破，二元定律将在各个领域显现威力，"两匹马竞争"的局面也将广泛出现在各个行业中。

二元法则是很容易被理解的，因为人的思维有时就是二元的，比如非黑即白、非善即恶等。

哈佛大学心理学博士米勒研究发现，顾客心智中最多只能为每个品类留下七个品牌空间。杰克·特劳特进一步发现，随着竞争的加剧，最终连七个品牌也容纳不下，只能给两个品牌留下空间，这就是定位理论中著名的"二元法则"。

杰克·韦尔奇在接管通用电气后就运用了这一法则，将不属于"数一数二"的业务全都关停，不管其盈利高低。韦尔奇的策略极大地提高了通用电气的竞争力，也让他本人成为"世界第一总裁"。

这一法则告诫各个企业，切不可盲目跟风，一定要找到差异性和独特性，进而形成自己品牌的合理定位，占据目标消费群体的心智。

如何正确理解二元法则

《22条商规》里提到的每一个定律，都应该放回到定位理论的整个

㊀ 本书中文版机械工业出版社已出版。

体系中看，或者回到定位理论的核心去理解。定位理论的核心如果说有两个，那就是竞争和心智，此时竞争在心智外部；如果说只有一个，那就是心智，此时是把竞争从外部纳入心智内部看待。

定位理论是一个抢占心智的理论，随着迈克尔·波特配称理论的引入，定位理论升级为企业的战略咨询理论，它不再满足于占据用户心智，而是从占据心智出发重组整个企业。它强调"所有的事都是一件事"，一切为了抢占心智服务。上升到企业整体战略咨询理论的定位理论，是"一即一切，一切即一"，一切企业运营都是为了抢占心智这个"一"，抢占心智这个"一"就是一切企业运营。

但是，用户认知和企业运营状态并不是完全一致的。人类思维存在二元性特点，但是并不直接等同于企业运营状态，也就是说，虽然心智更容易记住二元对立的品牌，如耐克与阿迪达斯、奔驰与宝马、可口可乐与百事可乐，但是并不代表企业也是这样存在的。

用户认知并不等于企业运营状态

用户认知和企业运营状态并不完全一致，最典型的例子是方太电器和老板电器。老板电器的定位是大吸力油烟机，但是老板电器的燃气灶、消毒柜也卖得很好。定位理论的发展，使得其从品牌塑造理论进化到企业战略理论。

在有些企业，品牌塑造和企业战略是一致的，企业只有一个品牌或者聚焦于一个品牌。在另外的企业，二者只是部分重叠，并不完全一致。

有人用"银行业和汽车行业竞争了这么多年有多少个品牌，符合二元法则吗？"来质疑二元法则，这是混淆了作为品牌塑造的定位理论和作为企业战略的定位理论。

因为心智的二元思维特征，塑造品牌的时候企业要善于调动这股能量。在品牌塑造层面，用户乐于看到挑战者，喜欢发现新品牌并享受推广期的优惠；在战略确定、运营的层面上，企业就不必受其限制。

有人说：做人就像水中的鸭子，要在水面以下拼命划动，才能在水面以上看起来毫不费力。企业战略，是水面以下的部分；品牌展示出来的形象，是水面以上的部分。

在看似没有机会的市场运用二元法则

汽车市场竞争这么多年，出现运用二元法则的机会了吗？看起来，汽车品类不只有一个品牌，福特、奔驰、别克、哈弗等，大多数人都能举出两个以上的品牌。但是特斯拉代表了二元中的一元，它将其他品牌重新定位为非电动汽车品牌，甚至是传统的、不环保的、非科技的汽车品牌。

有京东、淘宝、天猫、聚美优品、唯品会等电商品牌，电商领域还有运用二元法则的机会吗？以上这些品牌做的都是实物类电商，美团开创了本地生活服务类电商，成为二元中的一元。

在以优信为代表的线上二手车交易领域，似乎已经没有机会了，行业内有优信、人人车、淘车、车置宝等。但是瓜子二手车定位二手车直卖网，它将其他品牌重新定位为有中间商的电商模式，成为二元中的一元。

特斯拉、宝马和潭酒

汽车和白酒，看起来毫无关联的两个行业却有内在的一致性，它们都遵循了二元法则。这里需要补充一个知识点：品牌的终极战场是心智，因而更多需要的是对心智的研究，而不是调研。调研再多，也只是纯粹的数据，逃不出内部思维。

汽车也好，白酒也好，都是一个品牌，都在顾客的心智中占据一个位置。

特斯拉出现之后,之前的汽车品牌全部成为非电动汽车品牌,特斯拉开创了汽车品类的二元法则,它站在这一端,其他品牌站在另一端。宝马出现之后,奔驰、沃尔沃、凯迪拉克在内的品牌都成为"注重乘坐体验"的汽车,宝马自成"注重驾驶体验"的品类。二元法则要放在车主认知中去看,而不是事实中看。认知中,宝马的车主认为只有宝马和其他,特斯拉的车主认为只有特斯拉和其他。

喜欢京剧的人会说:世界上只有两种人,一种人喜欢京剧,另一种人不知道自己喜欢京剧。喜欢村上春树的人会说:世界上只有两种作家,一种是村上春树,另一种是其他作家。喜欢梅西、科比、博尔赫斯、披头士、皇后乐队的人都会这样认为,而且深信不疑。这就是认知中而非事实中的二元法则。

有青花郎的"两大酱香白酒之一"做示范,似乎"三大酱香白酒之一"也有机会,最初的潭酒就是这样想的。事实上存在多个酱香型白酒,但潭酒之前的"三大"定位却是错误的,因为认知上只有二元法则,没有三元法则。这就是品牌塑造中存在的现象:认知大于事实。

从"三大酱香白酒之一"到"敢标真年份",潭酒终于走上了正确的二元法则之路。潭酒的"敢标真年份"用意所在:把其他酱香型白酒列为不敢标记真年份的品牌,自己独自占据一个品类。

更为关键的是潭酒没忘记标记自己是赤水河畔的酱香型白酒。这样做的目的也很明显:关联赤水河畔的酱香型白酒代表品牌茅台。这和之前的"三大酱香白酒之一"相比在品牌定位方面已经走在正确的路上:把众多竞争对手划为一类,自己独占一类。

如图5-1所示,企业要在顾客认知中把众多竞争对手划为一类,自己独占一类,产生二选一而不是多选一的竞争格局。

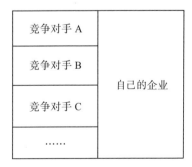

图 5-1 二元法则模型

第二节 两分法

两分法的灵感来自美团王慧文的演讲，我们从中提炼出两分法的思维模型，并结合定位理论加以发展。两分法实际上是重新定位、聚焦和侧翼战的结合运用，需要注意的是，两分法同时存在于心智战场和物理战场，像美团、哈弗、黄金酒就是物理战场的两分法实践案例，而2000米高原红茶和家有购物的案例更接近心智战场的两分法。

当然心智战场和物理战场并不是截然分开的，物理战场的优势可以转化为心智战场的优势，反之亦然。洞悉其中奥妙的创业者会把二者相互叠加。

要强调的是，两分法只能形成竞争对手打击不进来的根据地，建立根据地之后还要把侧翼战转化为进攻战。

美团

美团入场的时候，已经有淘宝、天猫、京东的存在了，团购品类也有上千家竞争对手。美团能在千团大战中活下来，靠的不只是强大的执行力或者资本力量，更是对战略形势的清醒认识（见图5-2）。

图5-2 美团的两分法

在所有团购电商纷纷入局实物电商的时候，美团选择固守本地生活服务类电商。实物产品如手机、电脑、图书、服装等是有标准的，边际成本低，几乎可以无限复制。当时流行的做法是先融资，再拿融资补贴用户，用低价产品做大用户量，同时大范围打广告，然后继续融资。但是本地生活服务类产品，如外卖、护理、家政等，不具备明显的标准化特征，因而复制的边际成本高，本地生活服务类电商属于电商中的"苦活儿"和"累活儿"。美团为何不做更容易的实物电商？因为这是阿里巴巴的领地，一旦团购网站们打得差不多了，聚划算携千亿元补贴入场，入局者会少许多。

生活服务类电商是携程的领地，美团同样没有介入，而是专注被巨头们忽略的本地生活服务类电商。当然在建立根据地之后，美团也发起了进攻战。美团的两分法背后是规避优势竞争的战略意识，在同行们抢占排名前15的城市市场的时候，美团没有进入；在同行们抢占排名50之后的城市市场的时候，美团也没有进入。因为前者竞争太激烈，后者只是让数据好看，美团选择在被人忽略的中型城市开拓市场。

拼多多也是如此，第一次分割避开了主流电商的三线内市场，选择跟随新基建和智能手机的普及下沉到三线外市场；第二次分割选择在水果品类上切入，因为服装已经是淘宝的领地，电子产品已经是京东的领地。建立根据地之后的拼多多也发起了进攻战，渠道上从农村进入城市，产品也在升级和丰富。

黄金酒

黄金酒是巨人集团和五粮液集团合作的品牌，巨人集团最有名的品牌是黄金搭档和脑白金。随着保健品市场监管趋严，巨人集团垂涎白酒行业的利润，但是主流白酒品牌非常强势，正面进攻毫无胜算。

换个思路看，被主流市场忽略的细分品类是可以有所作为的，这个新品类就是保健型白酒。保健型白酒的酒精度数低、药味轻、颜色浅，药酒的酒精度数高、药味重、颜色深。如果是在酱香型、浓香型、清香型、兼香型白酒中间谋求出路，企业面临的竞争将极其严峻。从保健型白酒品类切入，胜算更大。

黄金酒考察了餐饮渠道的保健型白酒：劲酒。劲酒在餐饮渠道的实践证明了这个品类的可行性，也表明了对方在这个渠道的强势。对黄金酒来说，巨人集团在礼品渠道的运营经验更为丰富，在脑白金和黄金搭档的运营中积累的行业经验、营销团队和渠道体系使其完全可以把黄金酒打造为礼品（见图5-3）。

图5-3　黄金酒的两分法

2000米高原红茶

2000米高原红茶是小罐茶旗下的新品牌。小罐茶针对市面上的八马茶业、天福茗茶、华祥苑等传统品牌的固有弱点建立了自己的定位。

传统品牌价格不透明、包装不统一、品牌延伸现象严重，小罐茶用标准化的价格、统一的包装、专家品牌强势入局，6年销售额超过20亿元。

立顿用品牌思维做茶，一个品牌的利润超过同期中国上万家茶叶企业的利润。小罐茶也用品牌思维做茶，再一次重击了茶行业从业者。严格来说，小罐茶不是中高端的价格透明的茶，而是中高端茶品牌，价格透明是品牌的重要标准，所以这样来描述它。

看懂了小罐茶对传统品牌的第一次分割，就能看懂2000米高原红茶对小罐茶的第二次分割（见图5-4）。小罐茶是轻奢的、礼品的、高端的、尊贵的，但也是非自饮的、高价的、老派的。小罐茶的对立面正是2000米高原红茶：形象年轻、包装简约、价格亲民、定位中低端。这也是小罐茶的自我进攻，因为看到竞争对手可能在这个区域切割自己，所以主动自我进攻，用多品牌协同构建竞争优势。

图 5-4 2000 米高原红茶对小罐茶的两分法

如果说美团的两次切割都是聚焦，那么小罐茶的两次切割都是重新定位。

经济型 SUV

哈弗汽车的两分法是按照价格标准来的，而不是根据车型（见图 5-5）。两分法的标准有心智战场的标准和物理战场的标准，如果只能选一个，那就是前者。价格是用户购买的第一要素，用户是根据消费能力来选择品牌的，而不是根据品牌来决定消费能力。意识到这一点才是正确的开始。

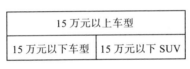

图 5-5 哈弗汽车的两分法

15 万元以下车型是国产汽车品牌的市场，这个市场的竞争激烈，涉及车型有皮卡、MPV、家庭轿车、SUV 等，长城汽车聚焦经济型 SUV。

哈弗汽车的成功非常耀眼：带动长城汽车实现从 2009 年的营收百亿元、利润十亿元，到 2018 年的营收近千亿元、利润翻倍、市值过 2000 亿元。我们认为，长城汽车旗下的哈弗汽车会成为世界品牌史上的著名案例。

建立根据地的哈弗汽车发起了进攻战，品牌定位已经从中国经济型 SUV 领导者升级为中国 SUV 全球领导者。但是在冲击 15 万元以上车型的时候，哈弗汽车遭到了认知力量的反击。

截至 2020 年，哈弗 H6 总销量已超过 300 万辆，该车型也是哈弗汽车最接近 15 万元价格的车型。哈弗汽车觉得自己的技术储备已经完全可以冲击高端车型了，于是推出了 H7、H8、H9 三个车型。但是在顾客看来，20 万元的其他品牌汽车更容易打动他们，这就是认知的力量。哈弗汽车代表了经济型 SUV 品类，就不能代表中高端 SUV 品类。两分法虽然很好用，但是也有局限。

家有购物

家有购物是贵州卫视旗下的电视购物频道，家有购物的定位是跟随贵州卫视的定位而最终确立的。贵州卫视从全国性卫视的定位转向了区域性的卫视定位，这实际上也助推了家有购物从全国性全品类电视购物的定位转向区域性全品类电视购物的定位。然后，家有电视购物进行了第二次切割，从全品类转向单品类（见图 5-6）。

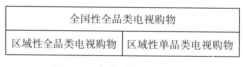

图 5-6　家有购物的两分法

贵州卫视一开始是全国性卫视，与江苏卫视、浙江卫视、北京卫视、东方卫视等在同一个赛道竞争，但显然能力有限。后来，贵州卫视重新定位为西部区域的卫视，聚焦西部地区的新闻、天气等。明确的定位给贵州卫视带来了很大的改变，广告收入升至西部十二省电视台的第二位，一些专注西部市场的品牌都集中到贵州卫视来打广告。贵州卫视旗下的家有购物从全国性全品类电视购物，重新定位为区域性全品类电视购物，但是这还不够聚焦。

家有购物继续聚焦在"家居用品、天天低价"的单品类，砍掉了收藏品、玉器、电子产品，因为这些品类要么价格不明确，要么竞争对手太强（电子产品是京东商城的领地），只有家居用品存在聚焦的机会。

两次切割之后的家有购物从 2009 年的亏损 1 亿元，到 2012 年已实现净利润 1.2 亿元。当然，随着区域性单品类电视购物定位成功，接下来家有购物要发起进攻战，成为全国性单品类电视购物频道。

营销专家路长全的方法论是切割营销：和竞争对手划分阵营，单独占据一个队列，并把对方挤向一边。我们认为这是对两分法的准确描述。当然换个角度看，两分法也是对切割营销的准确描述。

认知中的两分法

当市场上有九个纯净水品牌的时候，你推出第十个纯净水品牌，被潜在用户关注的概率是多少？ 10%？

你忘记了二八法则，头部品牌会占据 80% 的关注度和市场份额，你的品牌和剩下的七个品牌争夺 20% 的份额，平均分的话每个品牌占据不到 3%，又因为你的品牌是最后一个入场的，如果你特别努力可能会拿到 3%。这还没考虑 20% 市场里的二八法则，如果综合考虑你可能连 1% 都抢不到。这大概是 99% 的创业者都会失败的原因。

但是如果你推出天然水品牌，你就获得了和所有纯净水品牌并列的机会。你不是第十个纯净水品牌，而是第一个天然水品牌。你被潜在顾客关注的概率是 50%。

从 1% 的成功概率升级到 50%，这就是认知中的两分法。

企业要根据竞争对手的固有弱点，重新划分竞争格局，不断两分到一个能够支撑企业发展又能够守得住的细分市场。

第三节　侧翼战

定位的本质就是找空位，找顾客心智中所有市场要素的空位，最终把这些空位组合起来形成一门生意。

找到心智空位还不够，真实的商业世界中不只有心智空位，也有人群、产品、价格、渠道、认知和市场的存在，这些要素的空位同样重要（见图 5-7）。心智空位决定了其他空位，其他空位也会决定心智空位。"定位"是所有要素组合之后的概念，而不只是一个基于认识论的、先于经验的概念。

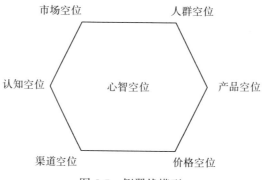

图 5-7　侧翼战模型

非常可乐有渠道空位，没有心智空位。在可口可乐渠道下沉之后，非常可乐的渠道空位优势就消失了，很难和可口可乐竞争。崂山可乐有心智空位，没有渠道空位。所以即使可口可乐和崂山可乐同时出现在一个渠道里，崂山可乐的销售也不受影响。

长期来看，心智空位决定了其他空位。但是"长期"很长，有渠道空位、认知空位的品牌也有很大的生存空间。在侧翼战模型里，隐含着三个模型：时代折叠模型、定位与 4P 模型、STP+4P 模型。

时代折叠模型

产品时代存在于改革开放初期，企业只要快速、大量制造出产品就可以了，顾客会自己上门。渠道时代来得更晚一些，企业要把产品放到离顾客更近的地方才能更好地销售。认知时代已经来临，你首先要把产品植入顾客心智，顾客才愿意选择货架上的你。

只看上面的叙述，有人会以为这三个时代是前后替代的关系。但并不是这样，真实的世界里三个时代往往处于一种折叠状态（见图 5-8）。

图 5-8　时代折叠模型

例如飞鹤，它的定位是更适合中国宝宝的奶粉。但是只有这一个认知层面的口号，并不能完整解读飞鹤的成功。飞鹤首先在渠道端找到了突破点，在三线市场以商场地推为有效战术，配合有效的战斗口号，突破了外资品牌的围追堵截。也就是说，飞鹤的成功是认知优势（"更适合中国宝宝"）加渠道优势（一年 30 万—50 万场商场地推）的成功。

再如凉白开这个品牌，如果仅仅是从认知层面看，它的势能远远不如农夫山泉和怡宝，很多人认为它会在两大品牌的围剿下快速消失。仅仅从认知层面是无法解读它的成功的，和飞鹤一样，凉白开也极度依赖母公司今麦郎的渠道能力，今麦郎能把凉白开送到农夫山泉和怡宝触达不到的下沉市场。在广大的三线市场之外，存在着很多知名度不高的区域性饮用水品牌，它们才是凉白开真正的竞争对手。还有东鹏特饮有 250 万个终端，元气森林有 100 多万个终端，在渠道的帮助下，它们强化了认知。

渠道时代也存在于线上。例如完美日记、三顿半、拉面说这些品牌，它们营销的关键动作在于把握住了传播红利和渠道红利。渠道时代并不只存在于线下，也存在于线上。

如果把渠道单独拿出来看，会发现它是本土企业的天然优势。以渠道优势发起侧翼战和进攻战，是本土品牌击退外资品牌的极其重要的有效战术。中国的市场特点是三个时代折叠，但是这三个时代并不是各自独立的，而是相互影响渗透、结合在一起的。发达的交通系统造就的物流系统、发达的移动互联技术造就的信息畅通，让渠道可以无缝衔接。

渠道优势是侧翼战的关键要素。凉白开的侧翼战聚焦在三线市场之外，在小城市、乡镇渠道收割地方性品牌的市场，没有在一线市场和农夫山泉、怡宝等展开竞争。如果凉白开把战场拉到一线市场，那么它就不具备发起进攻战的条件，凉白开的熟水定位无法攻击纯净水和天然水的固有弱点。

先锋电器的电风扇选择了大风力、大噪音品类特性，相比艾美特和美的都主打低噪音的定位，先锋电器避开强势对手的强势渠道，下沉到三线市场主推大风力，那里不介意噪音，追求大风力，又几乎被美的和艾美特放弃。先锋电器占据了这部分市场的认知。

定位与 4P 模型

4P 营销理论被归结为四个基本策略的组合，即产品（Product）、价格（Price）、推广（Promotion）、渠道（Place）。在制定 4P 之前，有更重要的一个"P"，就是定位。

菲利普·科特勒说：定位可以影响产品。沃尔沃有意识地在产品上塑造安全特性，成功地启动了沃尔沃的安全定位程序。在实施定位的过程中，这家来自瑞典的公司成为世界上最强大的品牌之一。定位可以影响价格。哈根达斯曾有意识地推出一款价格更高的产品，由此启动了高价冰激凌的定位。同样，定位可以影响推广方式，也可以影响销售渠道。营销并非静止不动的学科，而是持续变化的。定位是最具革命性的变化之一，它让营销保持活力、有趣、令人兴奋和富有吸引力。[一]

定位诞生于认知时代，而 4P 诞生于产品时代和渠道时代。我们沿着

[一] 里斯，特劳特. 定位：头脑争夺战 [M]. 王恩冕，于少蔚，译. 北京：中国财政经济出版社，2002.

科特勒的思路可以发现：定位可以影响 4P，4P 也可以影响定位。

4P 之间并不是各自独立的，也不是按照产品、价格、渠道、推广排列的线形顺序发展，而是综合相互影响的。

例如小米手机是小米公司的产品，但是当这个产品的价格趋近于成本底线的时候，它就显得极具性价比，这个时候它就成了小米公司的推广要素。推广要素的成功吸引了顾客在线上聚集，线上的推广又成了产品的渠道。

定位不是独立于 4P 之外的，例如凉白开，它的定位必须包含渠道这个要素，否则其定位就不存在。例如小仙炖，它的定位是"15 天保质期的鲜炖燕窝"，是把渠道（线上渠道）这个要素升级为战略的结果：其他品牌把发展线上渠道当作战术，把线下产品搬到线上卖；小仙炖把发展线上渠道当作战略，充分发挥其快速反馈的特性，开创"线上下单、4 小时内生产发货"的鲜炖模式。对小仙炖来说，渠道的战略性使用是其定位的关键，定位的传播又成为它的推广手段。

定位决定了 4P，我们发现 4P 中的某一个或几个要素的互动也可以影响定位。产品时代和渠道时代并没有远去，而是和认知时代重新融合为一个新的时代。

STP+4P 模型

STP 的逻辑是先选择一个细分市场，再确定目标，找准定位，给顾客一个选择自己、不选竞争对手的理由。

选择细分市场是所有环节的第一步，可以根据人群来分：年轻人和老年人、未成年人和成年人、男人和女人；可以根据区域来分：绍兴和宁波、上海和北京、广州和深圳；还可以根据年龄、收入等来区分。但是这第一步就错了。

百事可乐是年轻的可乐，是不是就意味着它选择了年轻人群呢？

并不是。百事可乐是年轻的可乐，不是年轻人的可乐。其中的区别在哪里？如果你是一个60岁的顾客，你认为自己还有年轻的心态，你也会选择年轻的可乐。

所以，细分人群是没有意义的。同一个人群有不同的认知状态。

拥有同样职业、同样收入的人，有人喜欢喝凉白开，有人喜欢喝农夫山泉。一起长大的朋友，有人喜欢华为手机，有人喜欢小米手机。一个小区的邻居，有人喜欢开特斯拉，有人喜欢开吉利。

同一个认知可以覆盖不同的人群，同一个人群有不同的认知状态，所以细分人群这一步本身就是存在问题的，因为人群无法细分。你或许可以选中一个人群，但是这个人群里的每个个体都有不同的认知状态，即使收入一样也有不同的消费理念。

相对应的，同一个认知状态可以覆盖多个人群，所以定位应该从认知状态出发。

例如定位为预防上火的饮料，可以覆盖餐饮渠道的人群，也可以覆盖加班上火、熬夜上火的人群，还可以覆盖节日送礼的人群。如果开始就确定了某个细分人群，即使获得了初期的成功，也会把品牌局限住。

所以真正的定位是PST，即定位在先，选择细分市场和确定目标在后。

例如王老吉先是选择了餐饮渠道的顾客作为原点人群，因为这些顾客消费能力强，对上火有焦虑。他们常常吃火锅，吃川菜和湘菜，这些食品比较辣，容易上火。在餐饮渠道取得初步胜利之后，王老吉选择了办公室加班人群，加班比较辛苦，也容易上火。然后是熬夜的顾客，尤其是熬夜看球的顾客，也可能会上火。王老吉就这样一步步做大了市场，如果一开始只选择餐饮渠道，就把自己限制住了。

耐克一开始做篮球鞋，但是买篮球鞋的一般是打球的人，市场份额很小。耐克的策略是把篮球鞋做成时尚单品，请明星代言，邀请时尚人士设计球鞋、出联名款，这些明星和时尚人士引导了大众顾客下单。

在定位理论的视角下，我们把细分市场看作原点市场，把细分人群看作原点人群，把细分渠道看作原点渠道。因为顾客是分层的，最核心是专业人士，我们称之为关键意见领袖（KOL）。KOL外面一层是支持者，他们不如专业人士，但会受到专业人士的影响。最外面一层是大众顾客，他们不够了解产品的信息，更多的是基于从众心理或产品知名度购买。

原点人群往往集中在某个渠道或场所，如小红书、知乎，或餐厅、运动场等，这些就是原点渠道。品牌应该想办法先获得原点人群的认可，再一步步扩大人群范围，我们称之为从侧翼战转向进攻战。一开始品牌只是在一个小市场生存，具备条件后再逐渐走向更大的市场，向市场领导者发起进攻，最终取而代之。

所有打赢决战的品牌，都是首先打赢了侧翼战。侧翼战是战略定位的精髓，它首先占据了心智空位，又重新组合了其他空位形成一个定位，然后持续做大。

最好的侧翼战应该像农夫山泉那样，一开始用1.5升的大桶水尝试商超渠道。它强调这是"有点甜"的饮用水，试图分化部分市场，也没有大肆宣传，尽量不引起领导品牌的注意。在侧翼战取得成功、建立利润根据地之后，农夫山泉发起进攻，采用和领导品牌一样的550毫升瓶装，主推"纯净水不含天然矿物质"这一概念，最终成为饮用水的品类代表。

侧翼战要悄悄进行。山东宏济堂推出过神方小儿健胃消食片，试图分化江中健胃消食片的市场份额。它没有坚持奇袭和追击原则，先在电视台打广告引起了江中的注意，又在江中发起防御战时没有选择追击跟进，最终退出了市场。如果神方的侧翼战能悄悄地进行，在不引起江中注意的前提下迅速铺开市场，建立利润根据地后发起进攻战（就像江中分割吗丁啉的市场份额一样），那么健胃消食片市场或许会是另一番格局。

侧翼战不像进攻战那么有话题，因而常常被忽视。不适合出现在话题市场中，不代表不重要。现阶段的中国市场，以侧翼战为主要战术，在行业内占据一个优势位置的做法，是值得广大创业者关注的。

| 第三篇 |

趋势思维

从组织外部发现有效战术

CHAPTER 6
第六章

深 入 现 场

第一节 战术决定战略

战术决定战略，战略推动战术

发现有效战术的本质是发现趋势的变化和顾客真正的购买理由。战术与战略的关系是：从一线市场中发现有效战术，再将其升级为战略，然后根据新的战略重新调整内部配称，前半部分称为战术决定战略，后半部分称为战略推动战术。"夫风生于地，起于青蘋之末。"影响战略全局的要素，常常都是细微之处。很多品牌的衰落，都是从忽视小趋势开始的，创始人失去了对一线市场的真实感受，就容易忽视对有效战术的重视。

当然，并不是所有的有效战术都可以升级为战略。例如王老吉曾经尝试过"吉庆礼品"这个定位，因为温州地区的顾客喜欢讨彩头，品牌名称里有吉祥文字的旺旺、王老吉会被当作礼品赠送。但是这个有效战术并不能支撑王老吉走向全国。

又如，我们曾经为一个茶叶品牌制定过这样的战略：走向小罐茶的反面，做年轻的、简装的、高性价比的茶叶。但是这个战略并不符合企业的能力，企业内部很多人反对这个思路。即使后来小罐茶推出了2000米高原红茶，跟我们的方案几乎一致，我们的客户还是不会选择这个战略。只有那些符合品类趋势、能够应对竞争并且符合企业能力的有效战术，才能升级为战略。也就是说，即使一个战略是正确的，企业内部理解不了，它也不是一个真正可行的战略。

有效的战术来自市场一线

有效的战术来自市场一线，而不是办公室。正如贵族们只知道身穿精美的制服，指点士兵作战，只有炮兵出身的拿破仑才知道有效的战术是什么。定位理论提出战术决定战略的目的，是提醒我们有效的方法来自市场一线，而不是空想。

西贝莜面村的战略转折发生在2014年，北京分公司的总经理在财富购物中心租下了一个300平方米的店面。他的同事们觉得不可思议，因为之前的店面都在3000平方米左右，光厨房就有300平方米。这家门店舍弃了复杂的菜，其他菜在中央厨房做好了再拿到店里的明厨来简单处理，原来的100多道菜也精简到了三四十道菜。最终，西贝莜面村的这家店活了下来，还活得很好。这个成功的尝试成为西贝莜面村的战略转折点，接下来的西贝莜面村以300平方米店为样板在全国范围内展开了新一轮经营。

好的战术是在市场一线涌现出来的，而不是狂妄地想象一个战略让别人去执行。所谓的战略管理，是对涌现出来的战术形成一套合理的做法。

战略隐藏在市场一线的有效战术中，制定战略的方式之一，就是发现有效战术，并将之升级为战略。

飞鹤奶粉和贝因美奶粉

飞鹤奶粉将营销定位为"更适合中国宝宝"并获得市场的成功后，影响到了其他行业，如报喜鸟的"更适合中国人体型的西装"，人本帆布鞋的"更适合中国人脚型"，还有小鹏智能汽车的"更适合中国路况的汽车"。

很多人没有注意到的是，"更适合中国宝宝"这个概念最早是贝因美在使用的。贝因美说的是：国际标准、华人配方，这行字写在奶粉罐子顶部。飞鹤奶粉是如何把这个有效战术升级为战略的？

首先，飞鹤奶粉放弃了书面语表达，使用了口语化的表达方式：更适合中国宝宝。其次，飞鹤奶粉把这句话放在核心位置——罐体中央，并将其加粗、放大，在广告和公关中围绕这一句话反复讲。最后，飞鹤奶粉在全国渠道每年开 50 万场推介会，让每一个促销员反反复复告诉顾客：飞鹤奶粉更适合中国宝宝的体质。

瓜子二手车和人人车

人人车是最早提出个人对个人的二手车交易的品牌，但是人人车并没有正确命名这个品类，没有提炼出一句有效的广告语。个人对个人的二手车交易模式在人人车那里还处于有效战术状态。瓜子二手车是怎样把这个有效战术升级为战略的？

首先，瓜子二手车正确命名了这个新的品类：二手车直卖网。其次，瓜子二手车提炼出一个有效的广告语：没有中间商赚差价。最后，瓜子二手车一年花了 10 亿美元打广告，让所有潜在顾客知道瓜子二手车的品牌主张。

对一线管理者充分赋能

德鲁克曾说：我们总是认定基层员工（有别于管理者）只是听命行事，既没有责任，也无法参与有关自己或他人工作的决策……如果试图通过向管理者"颁发许可证"，或把管理工作"专业化"，没有特定学位的人不得从事管理工作，那将会对我们的经济或我们的社会造成极大的破坏。

《赋能》称赞："纳尔逊的核心做法是，在其所统领的组织中培育一种文化，让组织中所有的个体都有主动性，并且能够进行关键性的思考，同时反对简单地执行命令。"

自下而上的演化思维

艾·里斯和杰克·特劳特在《营销革命》里探讨战术、战略演化的逻辑，提出自下而上的路径。

根据多年来为美国一些最大的企业提供战略服务的经验，我们得出了一条革命性的结论：战略的制定应该是"自下而上"，而非"自上而下"。战略应该建立在对企业本身实际战术的深入了解和参与的基础上。战术应该决定战略。也就是说，传播战术决定营销战略。

"自上而下"的管理者是在强迫事情发生；"自下而上"的管理者则只在努力寻找能够加以利用的事物。"自上而下"的管理者追逐已存在的市场；"自下而上"的管理者寻求新的机会。

"自上而下"的管理者是内部导向的；"自下而上"的管理者是外部导向的。"自上而下"的管理者相信远期的成功，接受短期的失败；"自下而上"的管理者只信奉自始至终的成功。

演化本来就是自下而上的，《自下而上》这本书总结了人类进化的方方面面，从语言、生物、社会制度、道德观念等角度说明了自下而上是世界本来的演化方式。自上而下看似正确，却是人类头脑中的幻觉，是人为的错误。

如何才能实现自下而上的演化呢？赋能，让每一个个体具备主观能动性。

企业规模达到一定程度就会出现官僚化，来自一线的有效战术要通过层层汇报到达上层，就算最后批准了，时间机会也丧失了。

查理·芒格把企业官僚化称为企业的癌症，认为这几乎是不可治愈的。

海尔的小微模式治愈了企业官僚化的病症。海尔的平台上有 4000 多个小微组织存在，每个小微组织自由组合，人数不定。

未来的趋势是什么？不知道。未来的独角兽在哪里出现？不知道。面对自然界的演化，个人的意识是无法把握的。但是我们可以顺应自然界的演化，让有效的战术自己涌现出来。

海尔的 4000 多个小微组织具有极高的自主性和灵活性。每个小微组织的成员加入、退出、分红、选举带头人都是高度自治的，一旦确定了需要什么技术、渠道、设计，他们就会向其他小微组织发出竞标，有意向的小微组织会带着自己的方案来合作。

"演化"的思维在小微模式里随处可见，小微组织的竞争机制是优胜劣汰，没有人能断言一个想法的好坏。曾有小微组织在平台上做白酒，有人提出反对，但是最后的结论是：谁知道未来的趋势不会从白酒中出现呢？海尔的价值观就是放手让小微组织去尝试，然后通过市场来检验。海尔前 CEO 张瑞敏也说，一个复杂的系统，是没有办法实现自上至下的顶层设计的，只有不断地去尝试，哪个方法取得了成功，就立即复制哪个方法推行下去，这样才行。

要达成超凡的目标，只有用演化的方法才做得到。海尔的小微模式本身也不是设计出来的，而是经过不断尝试慢慢演化出来的。海尔小微模式的终极成功，就是每一个小微组织里都有一个张瑞敏。发现有效战术的本质是发现趋势的变化和顾客真正的购买理由，重要的话要重复一遍。

第二节　六度调研

调研创业者

创业者是品牌的创造者，对品牌有高于其他人的感情和了解，让创业者一句话说清楚自己的品牌是什么，是调研中的第一步。但是通常情况下，这种调研很难有效果。创业者对品牌了解得越多，内部思维就越严重，看到的都是产品的性能、技术、所获奖项等信息，而顾客需要知道的是产品解决了什么问题、是否值得尝试、它和同类产品有何不同。

创业者对产品的了解有时反而是一种劣势。如果你是凉茶品牌的创始人，你通常知道凉茶能清热解毒、生津止渴、祛火除湿，但是只有从顾客角度出发才更容易聚焦到预防上火的定位。

另外，创业者也容易被信息假象包围。以抖音和今日头条为代表的信息推荐软件，核心功能是根据用户的喜好推送信息，这会造成信息茧房现象：用户被自己喜好的相关信息包围，看不到真实的世界。对创业者来说，他周围的员工、中层干部、经销商、核心顾客、咨询公司，都可能会造成他的信息茧房。据说德鲁克在给企业做咨询的时候，首先就是召集企业的管理层，让他们回答企业是做什么业务的，得到的答案常常五花八门甚至自相矛盾。

我在咨询实践中，发现一个独特的群体值得调研：创业者的朋友们。他们能够站在平等的维度上观察对方，这同时也是天然的外部思维。我们经常在与创业者的朋友们聊天中发现有效战术，因为定位客观存在，定位也是企业家精神的体现，只是他们用了别的词语来表达。

这些创业者的朋友最好是来自不同行业的，对餐饮行业的创业者来说，最好有一些快消品行业的朋友，甚至汽车行业的朋友。差异性越大，价值越高。同行交流反而有局限，因为大家看到的、想到的往往都是差不多的东西。

神州专车的陆正耀找到江南春投放广告时，江南春认为这个模式没什么特别之处，至尊专车已经做了。陆正耀说，你说得对，但是顾客不知道。神州专车就是靠资源法则抢占了专车市场。陆正耀和江南春所在的行业差别很大，但是陆正耀的观点对江南春启发很大。

调研销售员

只有深入现场，才能发现有效战术并将之升级为战略。《营销革命》是被很多人忽略的一本书，远没有受到足够重视。很多人不理解战术决定战略这个观点，战术本来是为战略服务的，怎么能决定战略呢？

老板电器的战略就是在调研销售员时发现的。一线销售长期处于真实的市场中，推销时间常常很短，没有清晰表达产品卖点的话，顾客马上就流失了。老板电器的销售员反馈说，产品吸力大的特性对于促进销售特别有效，向顾客展示吸油烟机能吸住木板成交率最高。很多顾客到店后，明确说买"那个能吸住木板的吸油烟机"。

飞鹤奶粉的定位"更适合中国宝宝"也是在调研销售员时发现的，飞鹤奶粉的销售员发现，只有向顾客介绍中国宝宝和外国宝宝体质不一样，而飞鹤奶粉更适合前者的时候成交量最高，介绍黄金奶源地、中科院配方、自营牧场、最新工厂等信息都很难打动顾客。

发现有效战术之后要将之升级为战略，这又是很多创业者容易忽略的。常常有创业者对咨询公司说"这个我们试过""这个我们也知道"，他们只是把有效战术当作战术之一，无法领会战术推动战略的思想。

老板电器发现大吸力这个有效战术之后，首先开创了大吸力油烟机的品类，然后不断迭代升级大吸力油烟机的运营配称和技术高度。贝因美只是把"更适合中国宝宝"当作战术之一，没有将其置于战略位置，一会儿强调日本技术，一会儿强调新西兰进口，一会儿强调均衡营养。一开始的"国际品质、华人配方"也改成了"国际品质、科学配方"。

调研忠实顾客

安德玛品牌起始于运动速干衣，创始人凯文·普兰克是美式足球运动员，他在训练和比赛中常遇到一个难题：剧烈运动时大汗淋漓导致衣服粘在身上，很影响比赛中的发挥。

普兰克找到了一种吸汗且保温的材料，发明了新的运动装备。安德玛从速干衣这个细分品类侧翼切入运动装备市场，成为威胁耐克霸主地位的新品牌。

露露乐蒙是瑜伽裤专业品牌，创始人威尔森在练习瑜伽时发现市面上没有一条瑜伽裤能满足以下要求：透气性好，但不会因为太薄而透光；手感好，还要好打理，适应机洗；吸汗性能好，也不能太厚，太厚就不能展现身材曲线。解决了这些问题的露露乐蒙成为市值百亿美元的运动品牌。

史玉柱在大力推广脑白金之前，去江阴地区做市场测试，到农村去和老人们聊天。说到脑白金的时候，老人说太贵了舍不得买，但是又不好意思开口让孩子买，就把吃完的脑白金空盒子放在电视柜上，好让回家的孩子看见。于是史玉柱想到，可以把保健品当作礼品卖。

芭比娃娃的诞生是一次意外，玩具公司的员工一家去瑞士旅游，看到当地的一种玩具娃娃：比一般的娃娃要高大，身材丰满，双腿修长。员工的妻子觉得，送给孩子这种玩具再好不过了。

在芭比娃娃出现之前，玩具公司都觉得小孩子喜欢照顾小孩子，所以玩具娃娃都应该是小孩子的样子，不应该是成熟甚至性感的形象。但是妻子说服了身为公司中层的丈夫，公司生产了一款成年人形象的玩具娃娃，这款玩具娃娃虽然初入市场时销量不佳（百货公司不认为这种玩具能卖出去），但是逐渐成为玩具娃娃市场的主流，因为小孩子可以在芭比娃娃上看到自己未来的样子。

品牌的终点是顾客，起点也是顾客。

调研行业黑马

行业领导者或者有资源优势的企业，可以用渠道优势、品牌优势或资本力量复制行业黑马的创新。

历史上在大型机领域对 IBM 的产品发起挑战的所有创新，都被 IBM 复制并击退。在 360 在杀毒和安全市场建立领先地位之后，猎豹软件的所有创新都会被 360 复制。

苹果公司的音乐播放器 iPod 全球销量超过 4 亿部，它的技术革新间接孕育了 iPhone，可以说是苹果公司的第一个明星产品，但是这个技术的发明者是新加坡创新科技公司。

瑞幸咖啡复制了连咖啡的模式，瓜子二手车复制了人人车的模式，神州专车复制了至尊租车的模式……

调研行业历史

未来存在于过去之中。了解过去，也就能预测未来。成功预测了 2008 年金融危机的瑞·达利欧说：一个人预测和应对未来的能力，取决于他对事物变化背后的因果关系的理解；一个人理解这些因果关系的能力，来自他对以往变化发生机制的研究。

我国的饮用水品类，从纯净水到矿物质水，再到天然水，是一个营养成分越来越高、水质越来越好的进化过程。纯净水只是干净，矿物质水更进一步，是在纯净水中添加矿物质，天然水再进一步，它天然含有矿物质。三个阶段的代表品牌分别是乐百氏、康师傅和农夫山泉。

那么未来在哪里呢？未来就在天然水的再进化。

里斯公司在给长城汽车做咨询时，给出了美国市场 SUV 车型从边缘成为主流的数据。从 1965 年到 2006 年的 40 年间，SUV 及类 SUV 车型市占率从 11.2% 增长到 65.1%（见表 6-1）。这个历史数据坚定了长城汽车聚焦经济型 SUV 的决心，也使得长城汽车从营收百亿元的河北本地品牌成长为市值 2000 亿元的全国知名品牌。

表 6-1　美国市场 SUV 逐渐成为主流车型

年份	SUV 及类 SUV 车型市占率	轿车市占率
1965	11.2%	88.8%
1975	22.8%	77.2%
1995	49.0%	51.0%
2006	65.1%	34.9%

调研行业历史，也包括调研高势能市场的行业历史。对我国的众多行业来说，欧美、日、韩等地区相关行业的发展历史值得认真研究。

我在给吉利汽车服务的时候，一个重要的步骤就是建立专门研究汽车行业历史的部门。事实上，咨询公司的价值很大一部分来自对品牌历史的研究，这能够为企业提供本行业和近似行业的信息参考。

调研近似品类

王老吉开创凉茶品类之后，只出现了一个成功的模仿者：和其正。王老吉坚持红罐外形，把可口可乐当作竞争对手，因而没有推出大瓶装。和其正看到了这个机会，定位"大瓶更尽兴"，打了一场成功的侧翼战。

我们认为这个案例启发了东鹏特饮和乐虎，它们在功能饮料市场复制了和其正的有效战术，取得了成功。

福特发明了汽车流水线，让汽车制造的效率大大提升。福特的灵感来自屠宰业，他发现屠宰工厂的工作方法效率很高，在整个屠宰过程中每个特定的环节都由特定的工人来完成，细致的分工提高了工作效率，福特把这个模式迁移到汽车制造中。

小霸王、步步高、小天才、vivo、OPPO 这些品牌背后都有一个共同的名字：段永平。在商战中，段永平总能后发先至，靠的是强大的经销商团队和渠道能力，而这个能力，是段永平从宗庆后那里学来的。宗庆后建立了中国最完善的经销商体系，通过交叉持股和利润分红绑定了经销商，强大的渠道能力保证了娃哈哈能在短时间内把一款产品迅速推向全国。

1988年，台湾地区的统一集团和顶新集团进入大陆，都准备推出方便面品牌。顶新集团使用了"康师傅"的品牌，台湾地区方便面领导品牌统一集团则继续用原有的品牌。康师傅在进入大陆之前，没有方便面的同行可做调研，但是它们调研了相关行业：面条。康师傅发现潜在顾客更喜欢牛肉味面条，其次是排骨、鸡肉和海鲜味面条，于是康师傅先推出了牛肉味方便面。统一则推出了鲜虾味方便面，因为台湾地区最畅销的是鲜虾味方便面，结果推出之后销量惨淡。

康师傅在此之前没有在大陆做过方便面业务，但是康师傅牛肉面一举达到了年销售额50亿元的成绩，品项混乱的统一方便面最高单品销售额只有1.2亿元。

调研很重要，更重要的是对调研信息的洞察，也就是达利欧说的对事物变化的背后因果关系的理解。墨西哥电信巨头卡洛斯·斯利姆·埃卢将自己能够获得大量财富归功于自己出众的数学能力。黑石集团创始人、华尔街"王中之王"史蒂夫·施瓦茨曼说，他之所以能获得成功，是因为他总能从收集的大量数据中看到别人看不到的模型。

真实的战场有太多信息，让你来不及判断。过于主观的信息，又会让你远离真实。理论简化了事实的复杂性，帮助你根据已知信息快速决策。商战中的信息是无限复杂的，创业者要在繁杂的信息中找到决定全局的那个要素，必须要凭借过去的经验总结，否则就会被过量的信息淹没。理论服务于实践，实践也在修正理论。

军事天才则对理论与实践都保持尊敬，并从中寻找一种平衡。如果失去这个平衡，理论与实践都会受到损失。常常有人把理论与实践（或调研信息）割裂开来看，实践派的人瞧不起研究理论的，说对方是纸上谈兵；研究者看不上实践派，认为对方是盲人摸象。

调研、论证、测试，是一个咨询方案从理论到实践不断循环的全景图。调研是咨询的第一步，创业者要从前文所述的六个角度调研市场，六度调研模型如图6-1所示。

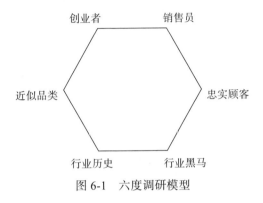

图6-1　六度调研模型

第三节　咨询闭环

如果一个病人跑到医生面前说"医生，我病得很重，快给我开点药"，医生肯定会一脸困惑，"我都不知道你得了什么病，怎么给你开药"。这时候病人会坐下来，根据医生的询问回答一些问题。然后医生根据病人的描述，结合自己的专业知识给出一些判断，必要的时候还会组织专家会诊。即便如此，医生还是有判断失误的可能。

在品牌定位咨询中，也常常出现这种现象，经营者找到咨询顾问："快，我有个产品要上市，给我一个产品定位和广告语。"好像咨询顾问是神机妙算的诸葛亮，随便打开一个锦囊就有克敌制胜的妙计，这是对咨询工作的误解。

品牌咨询和医生看病是一样的，都需要真正了解病情（充分调研），根据经验和专业知识判断病因（正确思考），必要的时候还要组织专家会诊（因为个人的视角有局限），一旦发现效果不佳就要再次诊断（快速测试），直至病愈。

事实上，号称能一招制敌、百战百胜的咨询顾问是不存在的。

充分调研

特朗普和希拉里竞选美国总统的时候，主流媒体的民意调查显示希拉里的支持率更高。但是义乌小商品市场的数据却显示，最终的获胜者会是特朗普，因为义乌收到了更多的特朗普支持者的应援订单。特朗普胜出后，有人戏称世界发生了什么，义乌都知道。这一方面说明市场调研的重要性，另一方面也说明正确筛选信息来源的重要性。

希拉里的支持者多是精英阶层，他们掌握了电视、纸媒、主流网站的渠道，他们也从这些渠道发表主张、调研支持率。特朗普的支持者多是收入水平处于底层的人，虽然人数不少，但是他们的意见传达不到主流媒体上去。

得到 App 的"跟张弛学市场调研"课程里面讲述了一个市场调研的故事：

1879 年，一个叫帕林的小伙子向一家罐头公司推销一个广告位，这个广告位在一份定位于工薪阶层的报纸上。

和所有故事的开头一样，帕林被拒绝了，理由是罐头公司认为工人不会花钱买罐头，而是会自己动手做汤，只有富人才会买罐头。

帕林没有试图说服对方，而是翻遍了费城的垃圾桶。他在做一次市场调研，看看到底是什么人在买罐头。

调研结果是工人比富人买的罐头更多，因为富人家里都有专人做汤。这个事实说服了罐头公司，帕林也顺利卖出了自己的广告位。

东阿阿胶在阿胶品类已经是领导品牌，后面还有福牌阿胶紧跟，宏济堂阿胶似乎找不到出路。给宏济堂阿胶拍广告片的黄建硕导演在山东做市场调研，他问销售员通常情况下消费者购买东阿阿胶的用途是什么，对方说送礼。黄建硕导演以此为灵感出发制定了宏济堂阿胶的宣传策略：送礼用东阿阿胶，自己吃用宏济堂阿胶。

调研专家张弛曾经给一个汽车品牌做调研，该品牌的一款车型销量不佳，管理层迟迟找不到原因。当时现场都是在汽车行业工作了几十年的资深专家，在听到张弛的解读之后，其实绝大部分人都理解了新产品的问题，那就是他们对中国 MPV 用户的需求理解不足。

方方正正的外形是典型的德国工程师思维，在中国人看来，方方正正的汽车大多数是面包车，是低价的。汽车用了更好的发动机，动力更强，但是中国的 MPV 大多数是企业领导买、司机开，而企业领导要的是舒适平稳，买一个动力更强的商务车显然没有必要。这一系列原因造成新车型在产品定义和设计阶段走偏了，降低价格虽然不足以挽回走偏的路线，但是降低价格能够直面竞争，是品牌当时能做的最好选择。

正确思考

只有调研是不够的，就像病人知道自己的身体不适，但是依然需要医生的诊断。调研的数据真实是重要的，更加重要的是对数据的解读。

1950 年，世界上第一台商用计算机出现，制造它的公司做了一次市场调研，数据显示到 2000 年全球的计算机数量将达到 2000 台，因为那时的计算机都是给科研机构使用的。而到了 2020 年，微信全球用户已经超过了 10 亿，这说明全世界可能有远超 10 亿台的智能手机在运行，而每一台智能手机的算力都远超 70 年前的计算机。数据只能显示现在，不能显示未来。

哈弗汽车在决定聚焦经济型 SUV 之前，市场调研显示中国顾客更喜欢家庭轿车。因为中国顾客认为汽车是一种展示社会地位的工具，SUV 车型没有这个效果。哈弗汽车没有跟着市场调研的结果走，这个决定造就了其中国自主汽车领先品牌的成绩。

先锋电器在决定聚焦取暖专家之前，利润最高的部门是电风扇事业部。按照市场调研的数据，先锋电器似乎应该做风扇专家才对。但是咨询公司认为，先锋电器在认知中已经没有风扇专家的机会。美的和艾美特都比先锋电器做得更好，市场上只留下了取暖专家的机会。

王老吉在温州卖得很好，市场调研显示温州人喜欢讨彩头，喜欢品牌名字中有"吉""顺""旺"的产品。但是作为吉庆礼品走向全国，王老吉将面临巨大的竞争压力，因而它也放弃了。

中期的王老吉考虑过"火锅伴侣"这个方向，凉茶预防上火的特点和火锅容易上火的特点非常契合。事实上，后期的王老吉也把餐饮人群尤其是火锅人群当作自己的原点市场，但是它为何没有启用"火锅伴侣"的定位？

回答这个问题的关键，在于对市场现象进行正确思考，在定位时要考虑把握更大市场的机会。当代硅谷知名投资人彼得·蒂尔喜欢问他人一个问题：在什么事情上你持有跟通常认知不一样的观点？

对福特而言，这个问题的答案就是：汽车业的方向应该是为普通人开发低价的汽车。这样做更有助于汽车质量的提升，企业也能赚更多的钱，而不是相反。在1903年的美国，汽车还只是有钱人的专属。这个不同于他人的观点让福特汽车在鼎盛时期占据了全国60%、全球50%的市场份额。

历史总在重复，到了1921年，通用汽车CEO斯隆提出了和福特不同的观点：汽车将会在未来成为不同阶层顾客的身份标签。通用汽车坚持为不同阶层的顾客提供不同的汽车品牌：凯迪拉克、通用汽车、雪佛兰。这个不同于福特的观点使得通用汽车最终反超了对手，成为第一汽车品牌。福特和斯隆都没有根据现有市场表现制定战略，而是对现有市场进行了正确的思考。

投资了谷歌、亚马逊和推特等公司的投资人约翰·杜尔，曾提出过类似的问题：每个人都可以问自己这样一个问题，这个世界如果没有我，是否会完全一样？如果答案是肯定的，说明你没有给世界留下什么遗产。如果答案是否定的，因为你所做的一些事情，哪怕小，哪怕微不足道，世界变得不同了，这就是你给世界留下的遗产。

市场调研常常显示大多数人怎么想，而正确思考往往指向不同于大多数人的方向。

快速测试

快速测试是正确犯错的艺术。没有人有上帝之眼，也没有人能预测未来。在真相面前，咨询顾问和创业者都是盲人摸象，唯一的办法就是快速测试、正确犯错，以最快的速度"摸"到真相的全貌。

大数据和人工智能如此火热，最大的原因也是它们指向了上帝之眼。理论上公司掌握了最多的数据、最强的人工智能技术，就等于拿到了预测未来的水晶球。在未来还未真正到来之前，我们只能按照这样的顺序推进：充分调研、正确思考、快速测试，甚至在测试之后再来一次。

库克时代的苹果开始四面出击，似乎失去了乔布斯时代的专注和聚焦。但是批评者没有意识到的是：谁也不知道下一个改变世界的产品是什么。如果没人知道是什么，最理性的办法就是快速测试：除了 Mac、iPad 和 iPhone，苹果现在还销售手表和耳机。

定位家庭厨房的老乡鸡聚焦在安徽 5 年，开了 400 多家直营店之后才走出安徽，因为它要测试市场、积累知识、锻炼团队、培育客户、完善供应链体系。

充分调研、正确思考、快速测试，这是一个完整的咨询闭环，很多时候要重复多次，才能得到正确答案。它是动态的，有时根据情况甚至有必要设计多个测试方案。

20 世纪七八十年代，计算机行业从大型机迭代到小型计算机，迭代的关键是微处理器的出现。市场上处于领先的英特尔已经推出了 32 位的处理器，惠普使用的还是 16 位处理器。惠普对实验室进行改革，有两个团队的构架成为候选，一个是"光谱"架构，另一个是"愿景"架构。

虽然在公司决策中，"愿景"架构胜出，这意味着它要占用所有的研发资金，但是惠普保留了"光谱"架构。这就是正确地犯错，因为你不知道哪个架构是对的，合理的办法就是快速测试。

最终，"愿景"架构失败，"光谱"架构及时补位，成为惠普在计算机业务上的转机。

今日头条火爆之后，后台发现平台上短视频内容的流量很大，并且大量用户只在今日头条上看视频，不看文字。于是项目经理觉得做一个只有短视频的独立App很有市场。这个想法被上报后，字节跳动推出了一批短视频App，其中用户量过亿的就有三个：西瓜视频、火山视频、抖音。字节跳动没有只推出一个短视频产品，而是推出了一批，因为它也不知道未来趋势会倾向于哪个赛道，那就在尽可能多的赛道上下注。

良好的管理能力、企业文化、执行能力等，都是为了能够快速转动咨询闭环，在快速试错之后找到答案。咨询闭环模型如图6-2所示。

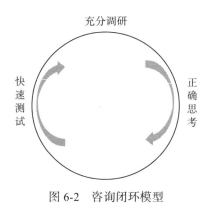

图 6-2　咨询闭环模型

这个模型的含义是：首先调研市场，得到一手数据，然后根据品牌理论和行业历史对数据进行论证，再把得出的结论放到一线市场中去测试，对测试的结果再次调研并论证。

CHAPTER 7

第七章

企 业 长 青

第一节 创新精神

定位客观存在。不管创业者有没有意识到,企业都有一个定位。就好像有些艺术家并不知道自己有艺术天赋,不知道自己遵从了什么艺术技法,但是都会开展自己风格的艺术创作。

特劳特不是发明了定位,而是发现了定位并指出了一个事实:定位客观存在,企业家要么在正确地定位,要么在错误地定位。定位理论是对其存在的发现。牛顿没有发现万有引力之前,万有引力一直存在着,并不是牛顿发现了万有引力,而是他指出了一个已经存在的事实。

企业成功一定少不了成功的定位,但不一定是定位理论的成功。定位理论的重要作用,就是观察企业家,把偶发的、碎片式的企业家灵感提炼为系统性的、可复制的、可学习的理论。

理论和实践

不知道自身定位的时候，创业者是懵懵懂懂的。明确了自己的定位，创业者就从意识上厘清了自己的行为，进而指导企业行为，使其更有效率，准确度更高。

有天赋的创业者不需要学习，他们自身就是理论的呈现。蜜蜂不根据动物学家的论文挥动翅膀，它们不需要学习，是生而知之。天才并不知道自己的天赋，只有旁观者才能看到这种天赋，并把天赋描述出来。

天才是无意识的，庸才也是无意识的。前者不知道自己知道，后者不知道自己不知道。其他人居于二者之间，有意识地学习，从"知道自己不知道"到"知道自己知道"。

有些人沉迷于自我膨胀，他们看重实践而不学习理论，认为理论是脱离实际的，纵使他们很有天赋，也随时可能从"不知道自己知道"跌落到"不知道自己不知道"。

很多前来咨询的创业者都会有这样的疑问：咨询顾问懂得这么多，为什么不自己做一个企业？

事实上，创业是综合能力的呈现，除了品牌定位还要具备组织管理、政商关系、渠道管理，甚至融资能力。咨询顾问只能提供一部分的服务，跟法务顾问、财务顾问、健康顾问没有本质上的区别。创业者不会因为法务顾问没创建过企业，而怀疑他的法务相关能力。

咨询顾问和创业者的关系是刘邦和萧何、刘备和诸葛亮、曹操和荀彧的关系。刘邦可以统筹全局，就像企业家要统筹管理、招聘、资金、销售、渠道。刘邦需要萧何，正如企业家需要咨询顾问。

创业者可能会说，我是刘邦，那么你是萧何吗？这其实是个伪命题。如果你是刘邦，你自然能看得出谁是萧何。刘备也不会向诸葛亮要一封耀眼的信任状。

企业家精神

克劳塞维茨说，天才不需要理论，理论需要天才。理论要做的就是观察、梳理、总结企业家的精神，将之形成理论，用以指导其他人的企业实践。咨询顾问并没有发明什么，他们只是发现了已经存在的事实，并将其整理成系统的知识方便创业者使用。

市场本质是不可测、不可知的，所以才是公平的，理论的存在只是尽可能扩大其可测的范围。真正的企业家要拥抱不可测和不可知的世界，充分利用公平的、不可测的环境赢得竞争。市场是可以创造的，所以企业家需要对生产要素进行重新组合，创造是推动世界进步的第一力。

企业家精神是任何理论都无法代替的原动力，也是所有理论需要观察的对象。正是在企业家的创新实践和理论研究者的旁观总结中，商业文明实现着螺旋式上升的进步。

第二节 边界意识

如果说多元化更好，格力空调就是最好的反例；如果说专业化更好，多元化的美的一直发展得也不错。

到底是专业化好，还是多元化好？如果选择多元化，美的模式和海尔模式有什么不同？我们认为，格力模式能够打造品类代表，利润较高，但是抗风险性差。谁也不能确定空调这个品类在未来的发展趋势。美的模式不同于海尔模式，美的模式虽然横跨多个品类，但是没有越过能力的边界。海尔模式看似和美的模式差不多，实际已经越过原有能力边界。

多元化与能力边界

家电分为白电和黑电。白电可以减轻人们的劳动强度，如空调、洗衣机、油烟机、洗碗机、冰箱等；黑电多为娱乐性产品，如智能手机、游戏机、电视、收音机等。在冰箱和洗衣机品类，海尔是全球第一大品牌；在空调品类，格力是中国最好的企业之一；在小家电领域，美的是行业第一。

冰箱、洗衣机、空调虽然是不同的品类，但是在大范围上都属于白电，内在的逻辑是一致的：都是技术导向的、看重科研实力的品类，企业需要狠抓内部管理、投入科研资金。

智能手机、游戏机、电视等娱乐性产品，除了研发投入还需要有对需求的洞察、对娱乐心理的了解。这是传统家电厂商不具备的能力。在从白电跨界黑电的路上，海尔触到了能力边界。因为黑电的技术迭代比较快，比较依赖快速反应的组织，这是一些大企业很难做到的。大企业的优势是体量大，这让其相对更适合专注白电这种技术迭代慢的品类。海尔手机、海尔电脑、海尔电视等黑电产品都没有实现品类领先，甚至很多人都不知道海尔还生产过手机和电脑。

多元化的美的，基本没有越过白电品类的边界，这在一定程度上保证了美的的竞争力；多元化的海尔，则是横跨了白电和黑电两个品类，不同品类对能力的要求对海尔来说是很大的挑战。

更极端的例子是春兰。春兰也是从空调起家，逐渐延伸到白电和黑电品类，甚至涉及汽车、金融、银行等领域，这远远超出了它的能力边界，经营每况愈下。

杰克·韦尔奇在通用集团任 CEO 时，要求集团内业务能在世界范围内达到数一数二的地位，否则就要被清理或被交易。这其实就是在检验企业内部的管理能力，如果一项业务能达到数一数二，那么说明它还是在企业能力边界内的。

如何正确看待聚焦

定位理论一直讲聚焦，聚焦也非常有效。西贝的成功得益于聚焦。

西贝一开始接受特劳特和艾·里斯咨询，定位几经转换。其真正的转折是把 100 多道菜精简到三四十道，把 3000 多平方米的店面降到 300 平方米。西贝在全国有上百家门店，聚焦和舍弃是它能够在全国扩张的关键因素。以少胜多是小概率事件，一件事情的成功，通常是压倒性地投入时间和金钱的结果。如何在整体兵力劣势的情况下获胜？答案是聚焦，集中优势兵力逐个击破。

聚焦并不总是对的。诺基亚聚焦通信手机、福特聚焦 T 型车都受到了重创。即使在战争中，聚焦也是作为一个战术存在，而非战略。不管是在军事理论还是企业理论里，聚焦都不是战略，而是实现战略的有效战术。

只有更适合环境的模式

一味聚焦是不对的，企业的能力边界无限延伸也是不可能的。任何企业都有其能力边界，这个能力边界是由竞争对手决定的。春兰试图在银行、汽车、金融行业有所作为，但是这些行业的竞争对手足以打败春兰，春兰撞上了自己的能力边界墙。

格力在空调行业几乎没有对手，也一直在尝试多元化发展，如涉足汽车制造、智能手机、工业机器人品类。但是这种尝试并不在格力的能力范围内，格力的技术和管理不足以打败这些行业的竞争对手。

海尔横跨了黑电和白电，相比春兰已经很节制了，即便如此海尔的企业能力也经受着巨大的考验。

美的一直聚焦在白电品类，虽然也尝试过白电之外的领域，但是都在失败后舍弃了。虽然美的在空调市场上反响不如格力，但是美的的模式抗风险性更高，同时其业务多元化也没有超出自己的能力边界。

格力、美的、海尔、春兰，这些企业的延伸一个比一个广，所要求的企业能力也越来越强，随着延伸变大，面临的竞争也越来越激烈。如果重来一次，春兰会克制住延伸的冲动吗？我们认为很难。在它发展最快的20世纪90年代，面对的几乎是供不应求的卖家市场，加大马力生产尽可能多的产品是企业难以抵挡的诱惑。

正如海尔集团张瑞敏说的，没有成功的企业，只有踏准了时代节拍的企业。到底是聚焦还是多元化经营，不是仅凭理论或者企业家意愿，而是由企业所处的时代和企业所面临的竞争环境决定的。没有更好的模式，只有更能适应环境的模式。

企业定位不同于品牌定位

品牌定位三叶草中的三个要素是存在于认知现实中的要素，而不是物理现实中的。企业定位三叶草中的三个要素则相反。真正的企业定位，要综合现实中的竞争优势和认知中的竞争优势。

从品牌定位三叶草看，诺基亚和富士都是失败的品牌。从企业定位三叶草看，诺基亚已经根据自己的企业优势在通信业务和5G技术专利业务上开辟了新市场，富士已经在医疗健康领域开辟了新市场。

从品牌定位上看，先锋电器是取暖专家。因为小家电品类的竞争对手美的和艾美特分别占据了空调和电风扇的认知优势，认知环境中留给先锋电器的机会只有取暖器。从企业定位上看，先锋电器营业额和利润最高的都是电风扇。但是这只是相对企业内部业务而言的，比起美的、艾美特还差很远。先锋电器定位取暖专家后，首先在取暖器品类取得了领先，让自己获得了渠道优势，渠道优势又带动了电风扇的销售。

从品牌定位上看，老板电器是大吸力油烟机。从企业定位上看，老板电器是中式高端厨电。因为方太电器已经抢占了中式高端厨电定位，老板电器已经没有机会抢占这个位置了，正确的战术就是聚焦吸油烟机，并且继续在大吸力、静音、省电三个特性中聚焦，开创新品类"大吸力油烟机"。

在企业定位中，老板电器要做得更多：向上游延伸做中央吸油烟机。在品牌定位中，老板电器只需要做好一件事：聚焦大吸力油烟机。品牌定位需要关注的是外部认知环境，企业定位需要关注的是企业能力和行业趋势，本质上都是企业、竞争、需求三个要素的相互制衡。

品牌战略从属于企业战略

美的在品牌上相对聚焦于空调，更准确地说是聚焦于变频空调。美的为了占据变频空调这个定位停产了非变频空调，力图成为专家品牌。美的的小家电也在使用美的品牌，但是并没有在品牌传播中体现出来。就像前面说的，小米公司的小品类品牌都没有体现在品牌传播中，老板电器的燃气灶、烤箱等也没有在品牌认知中出现。美的收购的其他品牌，如库卡、小天鹅、东芝等，也保持了品牌独立。

美的的企业战略聚焦于白电，没有延伸到黑电甚至汽车、手机、银行、地产。美的曾有一段时间想做手机，创始人何享健觉得这超出了美的的能力边界。一方面，美的对自己的企业优势、能力边界非常清晰，做家电只做白电，不进入没有核心技术和企业优势的领域。另一方面，美的对趋势的变化又非常敏感。1985年，国内电风扇卖得很好，何享健在日本考察发现很多家庭都在用空调，他意识到空调会在未来取代电风扇成为主流。尽管当时电风扇销售还处于巅峰状态，回国之后的何享健很快上马了空调生产线。正如德鲁克所说，企业调整战略的最佳时机不是处于困境的时候，而是在最顺利的时候。居安思危，天气晴朗的时候修屋顶，一直是美的的战略习惯。

新掌门人方洪波上任后，将美的原有的产品型号砍掉了7000个，停止了30余个产品平台的运行，几乎将所有非家电业务关闭。这个过程中，美的关闭了10多个工业园区和制造基地，变卖了7000亩厂房用地和工厂设备；裁掉了1万名管理人员，总裁员数量达到了7万人。这个过程当然也引发了美的业绩的一系列动荡。到 2014 年的时候，美的的股价跌到了谷底。但是 2015 年时形势好转，美的的净利润和股价均实现了上涨。

方洪波的做法一方面是为了精简业务聚焦家电，另一方面是为了省下资金用于收购智能制造公司。因为智能制造关乎企业的未来，所以即使它在能力边界之外也要进入。

美的永远在最好的时候寻求改变：在塑料做得好的时候做电风扇，在电风扇做得好的时候做空调，在空调做得好的时候做智能制造。美的的领导者有非常稀缺的企业家精神，也只有这样才能不断跨越产业周期，实现企业长青。

正如德鲁克所说，企业的任务不是适应经济周期，而是超越经济周期。企业不是做低买高卖的生意，而是以持续创新的精神不断创造顾客。总之，品牌战略和企业战略是两回事，品牌战略从属于企业战略。企业定位要根据企业实力、顾客心智和竞争环境三个要素来确定。

| 第四篇 |

品牌定位

在认知中占据优势位置

CHAPTER 8
第八章

准 确 定 位

第一节 发现词语

发现一个词

品牌的终极成功是在认知中占据一个词。海底捞在潜在顾客认知中占据了火锅这个词,顾客对火锅产生需求的时候,就会主动去寻找海底捞。这样导致的直接结果是,海底捞开在哪里,哪里就有很多顾客去消费。随之而来的是,商圈愿意为了保证巨大的客流给海底捞减免房租。海底捞在认知中占据的位置所带来的直接利益是远远低于行业平均水平的房租成本。

快消品行业也是这样,在认知中占据优势位置的王老吉、农夫山泉、可口可乐、海飞丝等品牌可以在超市中享受远远低于行业的渠道成本，可以要求超市月结货款。这些品牌的综合渠道成本在20%左右，其他品牌则在50%左右。根据媒体报道，农夫山泉对待经销商的政策极其严格：经销商在与农夫山泉的合作中，除了在特定区域的指定渠道出售农夫山泉外，还需要协助农夫山泉维护正常的市场秩序，包括维持产品供应量、维护价格体系、维护品牌形象以及提供售后服务等职责。农夫山泉对经销商也有筛选和淘汰机制，2017—2019年，农夫山泉淘汰的经销商数量分别为1325个、995个和489个，占到了年初经销商数目的30.69%、25.67%和12.73%。

农夫山泉对经销商的强势源于它在顾客认知中的优势，顾客首先对天然水产生了需求，然后把农夫山泉当作天然水的代表品牌。农夫山泉不愁卖的时候，就是农夫山泉对经销商强势的时候。那么没有在认知中占据位置的品牌会怎样？最明显的例子是电商平台的盈利模式。

如果没有自己创造顾客的能力，就要依靠渠道提供的流量实现销售，那么这些品牌的渠道成本就会很高，这也正是电商平台的盈利模式。电商平台用先进的技术计算出合理的收费方式：让平台上的品牌逐渐依赖于通过平台提供的流量获利。这种情况下，品牌成了平台的打工人，平台对待这些品牌就像牧羊人对待羊群，定期喂草料，定期剪羊毛。

同样的，在线上占据优势位置的品牌则可以像线下的海底捞、肯德基、星巴克一样享受渠道优惠，电商平台也会像线下平台一样给予它们补贴。

电商平台如淘宝、天猫、京东、拼多多，各自也都在争夺自己的位置：淘宝是大而全的电商平台，天猫是自营的电商平台，京东是自营的以电子产品为主的电商平台，拼多多是可以拼团的更便宜的电商平台。

不管是快消品牌还是餐饮品牌，不管是线上平台还是线下平台，都

○ 钛媒体App. 农夫山泉：渠道狠角色 [EB/OL]. (2020-09-08) [2021-10-12]. https://baijiahao.baidu.com/s?id=1677257517995862192&wfr=spider&for=pc.

遵循同样的规律：在顾客认知中占据了一个位置的品牌，也就是能自己创造顾客的品牌，可以享受远远低于同行的房租成本和流量成本（房租费用可以看作线下的流量费用，流量费用可以看作线上的房租费用）。没有在顾客认知中占据位置的品牌，则要付出"正常"的房租成本和流量成本，这些品牌支付的费用正是它们盈利的来源。

品牌定位成功的关键是在认知中占据一个词，占据一个词的前提是发现这个词，发现一个正确的词。正确的词首先是基于真实的顾客需求的词，像健康瓷砖、情绪饮料、黑电专家、减肥牙膏、吉祥啤酒、礼品茶叶这些词都是伪需求，用这些词无法创建品牌。

正确的词也必须是有竞争力的词，在饮料这个行业，可乐是个有真实顾客需求的词。非常可乐、天府可乐等品牌纷纷打出民族可乐的旗号，其实这是没有竞争力的词。年轻的可乐、崂山水制作的可乐则是有竞争力的词，这两个词的代表品牌分别是百事可乐、崂山可乐。

正确的词也是符合企业能力的词，在火锅行业，火锅这个词属于海底捞，小龙坎和巴奴试图去抢占这个词，都失败了，因为二者的企业能力都不足以撼动海底捞的位置。正确的做法是另辟蹊径：巴奴主打"产品主义"，提出服务不是巴奴的特色。在功能饮料品类，红牛占据了补充能量这个词。战马、东鹏特饮、乐虎都想要抢占这个词，但是这个词属于红牛。正确的做法是找出那个有竞争力，同时也符合企业能力的词，如大瓶装的功能饮料。

正确的词同时是符合品类趋势的词。在饮用水行业，产品已经从纯净水、矿物质水、天然水进化到了天然矿泉水。在燕窝行业，产品已经从保质期6—12个月的即食燕窝进化到保质期14天的鲜炖燕窝，此时还有品牌在即食燕窝领域做文章，想要聚焦即食孕妇燕窝，这违背了品类发展趋势。

发现一个词，而不是两个词，更不是三个或者更多。一个品牌只能占据一个词，例如华为手机占据拍照、沃尔沃占据安全、宝马占据驾驶乐趣等。

创业者都希望产品能解决尽可能多的问题，服务尽可能多的人群，因此有人恨不得把所有的功能都写在广告里。人的本能常常是喜欢增加、厌恶减少，但商业世界常常是反本能、反常识的。你试图一次占据多个词的时候，顾客的头脑会启动阻抗机制。创业者的本能是增加功能，顾客的本能是精简信息。创业者要放下自我，以顾客的反应为决策准绳。

占据一个词

发现一个词之后，需要占据这个词，因为发现不等于占有，事实不等于认知。滴滴、瓜子二手车、瑞幸咖啡、肯德基、神州专车都不是所在行业的开创者，但是它们都成了所在行业的头部品牌。占据一个词的首要动作是：宣布领导位置。你是事实上的行业第一，就要及时告诉潜在顾客。

特劳特专家邓德隆和陈奇峰在央视客户座谈会中提到一个案例：

巴西以前有两大啤酒品牌，一个叫南极洲，另一个叫布拉马，两个品牌有时候这个领先，有时候那个领先。两个品牌做了很多的广告，无论是做运动的，还是做现代的、感性的、形象的，甚至也说过它的啤酒有什么好处，宣传过它的酵母菌和泉水……但做来做去，这些广告都无法让两家拉开距离。

我们帮布拉马做了一个工作，就是让它立即在广告上说自己是啤酒第一品牌。结果这个广告发布以后，果然布拉马就是第一了，而且一直保持第一，后来它收购了南极洲。

为什么会有这个情况呢？其实一个领先的企业最大的力量就是，赶紧去抢占第一品牌的位置，因为顾客很想知道第一是谁，买第一名的品牌可以避免很多风险。很多产品也是这样，要赶紧上升到第一，这是做领先企业的一个非常重要的做法。

占据后的第二动作是：创建行业标准。很多人常说，我们这个行业没有标准，所以竞争都是无序的。这个时候你就要提出标准，没有什么是比"行业标准制定者"更有力的说辞了。创建行业标准之后，其他品牌想要进入行业，就要按照这个标准来制造产品。而这个产品标准是你制定的，自然是最有利于你的。

顾客往往不会过分关注行业的技术、产地、产品成分等信息，他们只会关注行业标准。一个行业处在风口的时候，会有很多品牌参与进来，一些不合格的产品会损害整个行业的发展。头部品牌制定标准则可以解决这个问题：让顾客知道谁是真正的价值创造者，谁是滥竽充数的。

占据后的第三动作是：把握时间窗口。很多时候，即使声称自己是第一品牌、制定了行业标准，如果没有在时间窗口内把这些信息传达给顾客，品牌还是会失去这个词。

根据农夫山泉招股说明书数据，2017—2019年，农夫山泉广告及促销费用分别达到9.8亿元、12.3亿元、12.1亿元，每年的营销费用达到其利润的四分之一，效果显著。

根据媒体报道，2017—2019年，飞鹤的销售及经销开支分别为21.39亿元、36.61亿元和38.47亿元，占营收的比例分别为36.33%、35.23%和28.0%。飞鹤在年利润4亿元左右的时候，就敢投5.5亿元做广告。

以前是国外品牌舍得花钱打广告，先在认知中轰炸，占据顾客心智之后再铺开市场。品牌因为已经在认知中有了位置了，渠道铺开会非常容易。当时大多数国内品牌不懂这个逻辑，常常认为渠道执行力更重要，花更多的钱在企业内部和渠道上，看似实惠实则短视。

做大一个词

聚焦与追击模型中的"追击"就是做大一个词，爆款长红模型（见本书第十章第四节）中的"引入竞争、做大品类"也是做大一个词。最系统的总结是品牌势能模型（见本书第九章第六节），通过对王老吉这个现象级的品牌进行分析，我们可以看到边缘性的品类凉茶是如何通过注入势能、丰富应用场景来做大品类的。

鲁花在成为花生油的代表品牌之后，继续做大花生油在食用油品类内的份额。在品类上，鲁花推动花生油成为食用油中的高端品类。在品牌上，鲁花努力成为民族品牌的骄子。在内容公关上，鲁花也提到行业领袖对花生油和自己的肯定。这都是在做大一个词。很多品牌都是赶上了趋势而成功的，很多创业者心里都在担心风什么时候会停下来。

到底是时势造英雄还是英雄造时势？其实二者是相互成就的。如果看看可口可乐的品牌历史，你会更明白：品类的趋势是品牌创造的。如果没有可口可乐出色的营销活动，可乐这个品类必然不会如此成功。可口可乐只是糖水，但是在品牌的刻意操作下，可口可乐变成了快乐、信心、民主的象征。

品类头部品牌不能只是分辨风口、占据风口，更重要的是让风吹得更猛烈些。这也是"做事、做市、做势"三部曲中的"做势"。

品牌成功的本质就是发现一个词并占据一个词，最终做大一个词（见图8-1）。

图 8-1　品牌成功的本质

第二节　把握趋势

定位理论的边界之一是不关注趋势。按照定位理论的逻辑，诺基亚、柯达、富士、摩托罗拉等品牌都是执行定位很成功的企业，但是在趋势变化时被淘汰。

按照定位理论的逻辑，苹果应该好好做电脑，不要做手机；亚马逊应专注卖书，不要做电商；京东应专注 3C 产品，不要越界做多品类电商平台；华为应好好做交换机设备，不要研究 5G 新技术。艾·里斯不看好苹果手机、亚马逊电商，认为它们会失败。因为品类思考无法理解新物种。

事实上，特劳特的《重新定位》中提醒企业家要根据竞争环境重新定位，但是并没有引起足够的重视。

香飘飘、优乐美、喜茶

在香飘飘和优乐美的竞争中，显然是香飘飘赢了。香飘飘诉求功能性定位，宣称一年卖出 3 亿杯，有更多人喝。优乐美诉求情感和形象（"你是我的优乐美"），力量相对弱一些。定位首先是功能性的，然后才是情感性的。就像耐克先做好一款跑鞋，再诉求体育精神；可口可乐先做好提神醒脑的饮料，再定位民主象征；凉茶先定位预防上火，再约战可口可乐，定位民族饮料第一罐。

功能性定位完成之后，不打造形象是不对的。功能性定位完成之前，急于打造形象也是不对的。香飘飘和优乐美都输给了以喜茶为代表的现制水果茶。喜茶的产品不仅不用冲泡，更加便捷，还有新鲜现做的优势。

香飘飘和诺基亚一样，什么也没做错，但是输给了趋势。

燕之屋、小鸟鲜燕、小仙炖

燕窝品类经历了干燕窝、即食燕窝、鲜炖燕窝的进化。干燕窝保质期三年、即食燕窝保质期一年半、鲜炖燕窝保质期半个月。当小鸟鲜燕还在即食燕窝品类内细分孕妇燕窝，碗燕还在诉求开碗就能吃的时候，燕窝品类已经进化到小鲜炖推出的鲜炖燕窝了。这就是没有从品类进化的角度思考问题，即食燕窝会像干燕窝一样慢慢变成小品类。

在即食燕窝品类缩减之后，寄生于品类上的品牌也会消失。品牌唯一要做的就是重新定位。燕之屋的反应就非常及时,一方面跟随趋势,另一方面利用自己的领先地位抢夺成为鲜炖燕窝领导者的机会。

怡宝、康师傅、农夫山泉

怡宝是纯净水的代表,康师傅是矿物质水的代表,农夫山泉是天然水的代表。纯净水比自来水干净,这是最大的优势。矿物质水含有矿物质,比纯净水又进化一步。天然水天然含有矿物质,矿物质水是人工添加矿物质,纯净水缺少矿物质,这个优势对比十分明显了。

后来的饮用水如昆仑山、5100等都是在天然水上做细分概念,这些品牌看到了趋势、顺应了趋势。

农夫山泉强调取自千岛湖深处的天然水,5100强调取自西藏高山。明确品类,是极为重要的一步。

花生油、玉米油、调和油、稻米油

鲁花是花生油的代表者,西王是玉米油的代表者,金龙鱼是调和油的代表者。在品类趋势已经进化到玉米油、花生油、调和油、橄榄油、稻米油的时候,如果谁还坚持强调自己是食用油品类的领导者,就像在智能手机时代强调通信手机的翻盖功能,在热兵器时代强调刀刃很锋利一样,走在了时代的后面。

高端食用油是企业的内部定位,外部呈现并不应该是这个样子。花生油行业的领导品牌应该强调花生油这个品类的独特优势,做大花生油在食用油整体市场里的份额,通过有效战术把花生油打造成高端食用油的代表。企业内部的愿景,并不能直接用作企业外部的广告语。

面对食用油,现在的顾客只会问:这是哪一种食用油,是玉米油、花生油还是橄榄油?就像你去买运动鞋,会关注是篮球鞋、足球鞋、网球鞋还是跑步鞋;你去买电脑,会关注是台式机、一体机、笔记本电脑还是平板电脑；你去买车，会关注是家庭轿车、皮卡还是 SUV 等，而不是笼统地说一个大类。

趋势变化的两个方向

趋势变化有两个方向，一个来自品类内部，另一个来自品类外部。纯净水、矿物质水、天然水的进化来自品类内部；智能手机相对于通信手机的进化来自品类外部，智能手机是从电脑品类进化来的。赢得竞争的心法有两个：扬长避短和顺势而为。扬长避短着眼于品类内部，顺势而为着眼于品类外部。

我们认为，赢得竞争要跳出竞争看竞争、跳出品类看品类，企业家张忠谋说的"小策略看对手，大策略看市场"也是这个意思。定位理论认为，不同胜过更好，认知大于事实，最大的不同是来自时代的不同，最大的认知是来自趋势的认知。当局者常常陷于竞争视角，在品类内思考，如报纸把杂志看作对手、数码相机把胶卷相机看作对手、香飘飘把优乐美看作对手等。

真正的外部思维，除了跳出品类的局限，还要预判品类进化的方向，同时升维到趋势变化的高度看自己。例如哈弗汽车经济型 SUV 的定位、瓜子二手车直卖网的定位，都没有局限于现有品类，而是基于对顾客心智的洞察，主动促进了品类的进化。哈弗汽车在聚焦经济型 SUV 之前，这个品类的市场保有量不到 5%；瓜子在聚焦二手车直卖网之前，这个品类的市场份额不到 3%。哈弗汽车敢于聚焦经济型 SUV，除了有对他国市场的分析，还有对趋势的洞察。瓜子敢于聚焦二手车直卖网，也是如此。

对外部趋势的洞察，最关键的是新观念和新技术的变化。互联网兴起之后，一大批新消费品牌崛起，如王小卤、拉面说、王饱饱、三顿半、自嗨锅、三只松鼠等。这些品牌无一例外都洞察到了新的消费观念并充分使用了新的传播技术。

上一代的商业巨头们还在线下渠道厮杀的时候，没有意识到顾客已经迁移到了线上。对新消费品牌来说，这意味着大量廉价的线上流量的涌现，新消费品牌们一方面给这批顾客价格更高、品质更好的产品，另一方面利用流量资源创建品牌定位。

在新消费品牌在线上获得充足的现金流之后，又会"从空中到陆地"，反攻线下渠道。

趋势变化不单指技术的变化，也指技术变化导致的社会心理的变化。

互联网和移动互联网的兴起，让很多小众群体能在线上聚集，例如二次元群体、性少数人群等，这些人的数量达到一定规模之后，就可以助推专属的品牌。

移动互联网去中心化的特征，让一般大众也有了话语权。那种高高在上的品牌范式受到了冲击。在没有话语权的时候，一般大众不买高价品牌会认为是自己消费水平的问题，但是现在他们可以公开质疑高价品牌的定价。那些愿意放下身段和顾客一起成长的品牌则更受欢迎。与此同时，有海外留学、生活和旅行经历的人群基数越来越大，他们对世界各国的品牌都有所了解，因此有鲜明价值观的品牌会更受欢迎。

超级电商平台的策略也是值得关注的要素。例如天猫商城，为了维护平台的利益，通常不会乐于看到赢家通吃的品牌出现，因为这会带走平台的流量和盈利。天猫商城更乐于支持细分品类的小品牌，在前期给予流量支持，加深小品牌们对平台流量的依赖。

超级技术如元宇宙、人工智能、民用卫星的出现，都会助力品牌打造。沃尔玛就是率先应用了卫星技术，把分散于各个城市的门店整合为一个门店，统一物流配送降低成本。完美日记使用人工智能技术抓取顾客信息，分析顾客需求。王小卤创始人也是在天猫后台看到了大量顾客搜索鸡爪的数据，于是将产品重心从猪蹄转向鸡爪，成为鸡爪品类的代表。

技术变化不单指自然科学技术，也包含社会科学技术。新的理论诞生，同样会影响品牌的塑造。在移动互联网技术的应用方面，很多品牌只是把线上渠道当作战术补充，但是小仙炖把它升级为战略重心，围绕互联网反应快速的特点重新设计商业模式，开创线上下单、4小时发货、15天保质期的鲜炖燕窝品类。这体现了我们倡导的"战术决定战略、战略推动战术"的品牌哲学。

另外，下沉市场的高端消费、区域品牌的涌现、低端消费的精致化也是值得关注的趋势。

成为品类引领者的几个要点

独立品牌：如果经济型SUV叫长城，就会引起长城到底是皮卡还是经济型SUV的疑惑。如果二手车直卖网叫赶集，也会引起赶集网到底是二手车直卖网还是信息分类网站的混淆。新品类用老品牌常常面临被顾客混淆的难题。

字节跳动最懂解决之道，今日头条只要有一个子品类成熟一点，这个子品类就会被拆分成独立的App：抖音、西瓜、懂车帝、悟空问答等。

聚焦单品：信息过载的环境下，只有聚焦单品才能进入顾客视野，成为顾客认知。可口可乐的弧线瓶自1915年诞生后一直在被使用，甚至在罐装上也保留了弧线瓶的图案。王老吉的红罐外形自1995年设计出来，一直沿用至今。说起江小白，顾客脑海中出现的就是那个小瓶酒；说起兰蔻，顾客想起的就是小黑瓶。

输出标准：引领品类进化的关键在输出标准，给顾客可感知的信息。如乐百氏的27层净化、小仙炖鲜炖燕窝的7个标准等。

组织独立：微信团队在广州，远离腾讯大本营深圳；Kindle团队在硅谷，远离亚马逊大本营西雅图。贝佐斯甚至告诉Kindle的负责人，Kindle的任务就是干掉亚马逊的图书业务。现有团队往往做不了新业务，诺基亚团队不会支持智能手机，柯达团队也不会支持数码相机。傅盛入驻金山后问当时的总经理雷军，能不能用金山的搜索框免费给新业务引入流量。雷军说："金山靠这个一年赚两亿元，如果你是总经理你能同意吗？"

马化腾认为，在传统机械型组织里，一个"异端"的创新，很难获得足够的资源和支持，甚至会因为与组织过去的战略、优势相冲突而被排斥。企业追求精准、控制和可预期，创新难以找到生存空间。这种状况很像生物学中的绿色沙漠：在同一时期大面积种植同一种树木，这些树木十分密集而且高矮一致，结果遮挡住所有阳光，这不仅使其他下层植被无法生长，这片树林本身对灾害的抵抗力也会变差。

蒙眼狂奔：对资源的储备要超出必要，因为竞争对手不会配合你。开创新品类要坚持资源法则，把握住时间窗口迅速占据优势位置。一嗨租车和至尊租车是品类开创者，神州专车却成了代表品牌；海信发明了变频空调，变频空调的代表者却是美的；最早的即时通信软件是小米公司的米聊，但是米聊在小米公司并不是战略重心，反而是后来者微信团队得到了腾讯的鼎力支持，在微信蒙眼狂奔的路上，米聊被远远甩在身后。品类开创者并不安全，因为认知大于事实，顾客往往更认可他们第一眼看到的那个品牌。

我们认为，定位理论强于占据心智，弱于对趋势的判断，而预判趋势、聚焦未来，正是抢占心智的最佳战术。

艾·里斯说，聚焦就是预判未来，通过聚焦可以让未来提前发生。如果哈弗汽车没有聚焦经济型SUV，我们可能晚一段时间才会看到这个品类的专家品牌。成为新品类的代表者，好处当然是巨大的，实现的办法有很多，毫无疑问，聚焦是最有效的战术。

第三节 定位五式

定位的方法有很多种，核心只有一个：在认知中占据优势位置。而接下来提到的五种定位方法来自两大定位公司和其他专家的实践（见图8-2）。

方法是术，定位是道。我们提到了定位的五种方法，并不是说定位方法只有这五种。

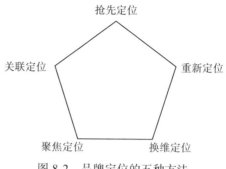

图 8-2　品牌定位的五种方法

透过方法去体悟核心，才能不局限于具体的战术。很多人把定位等同于聚焦，等同于一句广告语或者一款产品，这都是局限于具体的战术，一叶障目，不见泰山。理论学习得越多反而越糊涂，皆是因为迷恋于具体的战术，没有从体系的、长线的、整体的角度看待品牌定位。

抢先定位

江南春称抢先定位为封杀品类：烤鸭就吃全聚德，果冻就吃喜之郎，要租车找神州，装修就上土巴兔，橄榄油我只爱欧丽薇兰。这个说法比较形象，在品类没有代表品牌的时候，就有抢先定位的机会。橄榄油在中国没有代表品牌的时候，一句简单的"橄榄油我只爱欧丽薇兰"就可以代言品类。

值得注意的是，抢先定位的前提条件是该品类没有代表品牌。在微信已经成为即时通信软件品类代表的前提下，来往、易信、米聊、子弹再怎么努力也无法撼动，即使有钱、有技术也不行。

认知具有马太效应，用微信的人越多，就会吸引更多的人用微信。认知本身就是事实，一旦用户把即时通信软件等同于微信，其他品牌就很难再有机会。百度依据搜索建立起了护城河，阿里巴巴的雅虎搜索和腾讯的搜搜就打不进去。阿里巴巴依据电商建立起的护城河，百度和腾讯也打不进去。

很多人会觉得大品牌有资金、有技术，占尽优势，小品牌已经没有机会抢先定位了，其实这是一个错误的看法。首先，新品类总是不断出现，大品牌常常意识不到，即使意识到了也常常会因为决策慢而错失机会。其次，面对抢先定位的机会，大品牌喜欢用品牌延伸的方式。面对葡萄酒、啤酒的机会，茅台选择用原有品牌；面对绿茶、红茶的机会，乐百氏也选择用原有品牌。这并不是抢先定位的最优方式。

总之，品类的不断更新和大品牌的错失机会，给了其他品牌很多抢先定位的机会。这里要强调的是，抢先定位是指在认知中的抢先，而非在渠道、技术、商标等物理层面的抢先。这意味着品牌要在时间窗口内聚焦资源，在认知中实现"注册"。《抢占心智》一书中提到了很多因为错过时间窗口而失去领导者地位的案例，例如至尊租车和一嗨租车是租车品类的开创者，领导者却是神州专车；连咖啡是行业开创者，领导者却是瑞幸咖啡；人人车是行业开创者，领导者却是瓜子二手车。

关联定位

关联定位是认知中的二元法则。因为认知有这样的特点，所以关联定位就能够起作用。武侠小说中有"北乔峰、南慕容"的说法，或许慕容复功夫不如乔峰，但是这种关联定位让慕容复获得了名声。

关于关联定位，最知名的案例莫过于"两大酱香白酒之一"的口号，它直接把青花郎和茅台关联起来，让前者成为酱香白酒的第二个选择。

关联定位的前提是所有人都知道那个领导者是谁。如果一个品类中没有领导者，那就存在抢先定位的机会，而不是关联定位。例如"中国两大陈皮品牌之一"的关联定位就很难成立，因为顾客并不知道谁是第一品牌。"宏济堂阿胶，自己吃的阿胶"，这种关联定位就更容易成立，因为东阿阿胶是行业领导者，而且人们经常用来送礼。

如果关联定位是认知的二元法则，是否第三品牌就没有机会了？并不是。例如潭酒定位"敢标真年份、内行喝潭酒"，就是试图把其他酱香白酒和自己区分开，这就是二元法则。

把第一、第二品牌划为一类，自己独占一类，这就是第三品牌的机会。凉茶定位"预防上火的饮料"，就是把各类饮料都划入不能预防上火的范围，自己独占一类，和主流饮料形成二元对立之势。

演讲《战略视觉锤》中提到，有了天猫和京东的猫、狗视觉锤之后，苏宁的狮子和国美的老虎就是错误的选择，因为认知会把猫、狗、狮子、老虎都归类为动物，苏宁狮和国美虎没有辨识度。

苏宁应该把天猫和京东的猫和狗划为一类，自己独占一类，这才是关联定位。

重新定位

重新定位是关联定位的升级版，如果关联定位是和领导品牌共存，那么重新定位则是取而代之。江南春称关联定位是"傍大款"，重新定位是"戳轮胎"，其实是非常形象的。

很多人不能理解重新定位的关键点，认为重新定位是发生在渠道、工厂、产品中的。事实上重新定位发生在认知中，是调整领导品牌在认知中的位置。

关联定位是侧翼战，重新定位是进攻战。就像侧翼战终究要转化为进攻战，关联定位也终究要转化为重新定位。农夫山泉刚上市的时候，只是声明这是天然含有矿物质的饮用水，处于和纯净水、矿物质水并列的位置，这个时候农夫山泉发起的是关联定位的侧翼战。在测试完市场之后，农夫山泉发起了重新定位的进攻战，攻击纯净水不含矿物质，矿物质水是人工添加的矿物质,这些都不如天然水。

二手车直卖网这个品类,在人人车那里是关联定位,即不同于优信的另一种二手车交易品牌;在瓜子二手车那里则是重新定位,即没有中间商赚差价的交易品牌。事实也证明了,重新定位的效果更好。江小白开创的青春小酒品类,是一种不同于社交场合的口粮酒。现在的它还是关联定位:商务宴请喝茅台,自己人喝江小白。在适当的时机下,江小白也许会发起进攻战。重新定位的目的是取而代之,核心是攻击领导者的战略性弱点。

战略性弱点是领导者固有的、无法克服的弱点。奔驰的战略性弱点是注重乘坐体验所引发的驾驶体验不强;西门子厨电的战略性弱点是根据欧美饮食习惯设计,不懂中国厨房;贝蒂斯橄榄油的战略性弱点是国外罐装,不够新鲜。

理论上说,每一个优势品牌都有自身的固有弱点。战略的核心就是根据竞争对手的弱点制定战术,让自己处于有利位置。

攻击非战略性弱点是无效的。例如在微信之后,出现了很多同品类的社交软件,如快播、子弹等,它们增加了语音翻译功能和一些新的玩法,界面设计更花哨。这些改良性的战术,微信很容易就可以复制,而它们又没有攻击微信的战略性弱点。反观陌陌、钉钉等软件能在微信的封锁下突围,皆是因为它们在微信的战略性弱点上发力。

聚焦定位

聚焦定位是非常容易理解的方法。相比方太电器,老板电器聚焦吸油烟机品类,吸油烟机品类的主打功能有吸力大、静音、自清洁等,老板电器继续聚焦在大吸力特性上,开创大吸力油烟机。这是因为把战线收缩到足够窄,才能更有效率地使用企业资源,也能更快速地进入用户心智。

《品类战略》中提到了格力的聚焦定位。相比春兰、海尔、美的,格力聚焦于空调品类，持续在空调品类上积累心智资源和企业资源。疯狂扩张的春兰业务版图中有空调、汽车、银行、地产、金融等，过多的领域已经透支了春兰的品牌浓度，也严重稀释着企业的管理能力。

品牌定位本质上是心智管理，这个管理不只指向外部的用户心智，还指向内部的企业心智。企业是由人组成的，同样厌恶混乱、喜爱简单，如果在短时间内对企业心智发出过多指令，它也会像用户心智一样选择屏蔽。

聚焦就是强化企业内外部心智的方式。聚焦定位因为容易理解，企业常常使用错误。最常见的错误是混淆了传播聚焦和运营聚焦。流量产品（传播聚焦）和盈利产品（运营聚焦）常常不是一回事。国美的流量产品是电器，它在传播中聚焦于此，但是它的盈利产品是地产。小米在传播中聚焦于手机，但是盈利产品是其背后的生态链和关联投资。特劳特专家邓德隆讲小米的品牌策略失误，指的是传播层面的。有人拿小米的生态链举例，认为邓德隆不懂小米的商业模式，其实是混淆了流量产品和盈利产品。也有人批评定位限制了企业的发展，其实也是把传播聚焦等同于运营聚焦。

聚焦定位的第二个常见错误是把聚焦等同于战略。如果聚焦就是战略，那么诺基亚、柯达、当当网、饿了么都是执行聚焦战略的品牌。聚焦不是战略，战略是根据竞争环境占据优势位置，聚焦是实现战略目标的有效战术之一。集中优势兵力虽然也是有效战术，但是持久战才是战略。持久战当然不是聚焦兵力和敌人在正面战场上正面冲突，而是利用自身优势分散敌人兵力，以空间换时间，等待战场的时机转变。

换维定位

换维定位至少有两种方式：升维和降维。互联网创业者中一直流行句箴言：所有的行业都值得重新做一遍。对互联网行业来说，这是降维；

对那些被重做的行业来说，这是升维。

华莱士相对于肯德基，就是在降维定位。肯德基的选址要求更高，店面可能要300平方米以上，要邻近十字路口的繁华位置。华莱士则可以更简单，50平方米就能开店。我们还看到一些面积更小的炸鸡店，没有汉堡、薯条、可乐，只有炸鸡，这是聚焦定位与降维定位的战术结合。

巨大的中国市场存在无数降维定位的机会，不只是所有行业都值得重新做一遍，只在一线城市发展的行业也可以在三、四、五线市场降维重新做一遍。

江小白的策略可以总结为换维定位。传统的酒水消费场景是宴请，形式上比较正式。江小白适用的白酒消费场景，更多是同阶层人群的社交。江小白最早把自己定义为青春小酒，现在尝试的路线是高端口粮酒。口粮酒相对于茅台这种正式的社交酒，就是一种降维定位。同样是宴请，商务性质的宴请代表品牌有茅台、五粮液、剑南春，同阶层之间的聚会则没有代表品牌，这是一种市场中有、心智中无的机会。江小白用社交酒的品牌方法打造口粮酒，对口粮酒品类的其他品牌来说是一种降维打击。

换维定位的维度，可以是价格（如华莱士之于肯德基），可以是场景（如江小白的聚会场景之于茅台的宴请场景），还可以是渠道（如拼多多之于淘宝）。

时代、技术、消费心理、政策的不断变化，是换维定位的前提。

三线市场交通网络的成熟和智能手机的普及，是拼多多能够出现的前提；触屏技术的成熟是智能手机出现的前提；5G、大数据、人工智能、云计算等技术的成熟，会对全社会的所有行业形成冲击，新的一批品牌就会出现。

新的传播技术出现之后，社会文化也会改变。例如移动互联网的出现让信息传播渠道不再掌握在少数媒体手里，每个微小的组织都可以传播信息。过去，传播信息需要通过电视台或印刷厂；现在，你只需要一部智能手机。

新技术带来的消费观念的变化是，顾客不再相信高高在上的品牌。例如在红酒品类，之前的做法是企业赞助产品，行业协会和行业杂志评选出好的红酒，顾客根据获奖情况和行业杂志的建议买酒。黄尾袋鼠这个品牌的出现打破了这个局面。它的主张是不看奖项和所谓专家的意见，唯一的标准是便宜又好喝。是否好喝由顾客自己决定，不由专家们说了算。黄尾袋鼠能做到这一点，是因为在新的媒体环境里，没有哪个组织能垄断信息传播渠道。顾客可以通过新的媒体找到同好，大家相互交流，形成属于自己的消费判断。

对于品类内的非头部品牌来说，做好降维定位就可以了，只要跟随头部品牌开创的市场就行。对于头部品牌来说，则需要根据外部环境的变化重新定位，做好升维，否则一旦整个品类被颠覆，头部品牌是损失最大的。例如小米、华为对电视行业的颠覆，就是外部技术对电视品类的冲击；瑞幸咖啡的"互联网+咖啡"模式，就是对传统咖啡馆的冲击。

第四节 换维定位

换维定位有五大维度，即时间维度、空间维度、文化维度、品类维度和技术维度（见图8-3）。

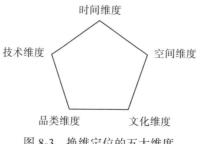

图8-3 换维定位的五大维度

时间维度

制定战略时,首先要考察时间维度。"时移世易",随着时间的变化,曾经或许不合时宜的概念,也可以变成新时代的潮流。

志纲智库曾经为成都的城市战略提供了"西部之心,休闲之都"的方向。这个战略选择一开始受到很多人的质疑。不论是"一分耕耘一分收获"的农业时代,还是"时间就是金钱,效率就是生命"的工业时代,注重生活享受的休闲文化都不被主流所提倡。休闲的时间多了,耕作和工作的时间就少了。

但是在后工业时代,社会积累了大量的物质财富,大众需要在忙碌紧张的工作之余,找到一处放松身心的所在。同样地,时代观念也在变化,把大部分时间用在工作中的价值观已经不再是主流选择,人们更倾向于劳逸结合、张弛有度。

"时移世易",在生产生活资料足够人们生存之后,休闲文化就成了新的追求。

再如顺德碧桂园"给你一个五星级的家"这个案例。在碧桂园顺德项目中,引入北京名校,围绕优质教育资源重新包装整个项目,是其起死回生的关键环节。其关键洞察是咨询公司意识到一个转变:高收入群体对下一代的教育非常重视。他们购买房产看重的不光是居住空间和财富积累,还注重良好的配套教育资源。

这种意识的转变,也只有在人们跳出了性价比、区位优势等纯粹房地产的要素比较之后才会出现。只有人们得到了物质欲望的满足之后,才会思考财富的附加价值及传承问题。

时间维度的把握是关键。向前溯源才能把握变化规律,向后展望才能预判趋势变化,趋势变化有其内在的规律,这个规律就隐藏在历史中。能看到多远的过去,才能看到多远的未来。

空间维度

不谋万世者，不足谋一时；不谋全局者，不足谋一域。有谋万世的眼光，我们称之为时间维度；有全局的眼光，我们称之为空间维度。

关于空间维度，近代实业家张謇有一个更好的说法：一个人办一县事，要有一省的眼光；办一省事，要有一国的眼光；办一国事，要有世界的眼光。

如果回到具体的产品上，这个产品的设计应该是从世界大环境开始的，世界影响着中国，中国影响着区域和行业，区域和行业影响着城市和企业，企业的战略要从空间影响的逻辑出发，来设计自己的产品。

成都的城市战略"西部之心，休闲之都"就是从时间维度和空间维度确定战略的典范。

"西部之心"就是空间维度，中国在 2000 年前后进入了全面均衡发展的阶段，沿海地区先富起来之后，要带动西部地区逐步实现共同富裕。中国是一个整体，西部是整体的一个面，选择一个适合西部的行业来带动发展是一条线，带动这条线的是一个点。

点线面体的逻辑，是整体最终决定了重点，也是重点最终带动了整体。对整个中国来说，发展西部需要找到一个焦点，这个焦点就是一个大型城市，由它来做连接点。

"西部之心，休闲之都"的城市战略就是要以后工业时代的休闲文化为吸引力，将成都打造为西部发展的支点，撬动整个区域的活力。

从空间维度上看，在中国加入世贸组织和确定举办 2008 年奥运会的背景下，北京提出了"大北京计划"，计划以北京为核心打造世界级的经济圈。在这样的时代背景下，环北京区域迎来了巨大的机会。"一个人办一县事，要有一省的眼光"，这里的"县"就是固安，这里的"省"就是以北京为核心的经济圈，引申出的"世界"就是中国加入世贸组织和确定举办 2008 年奥运会。

文化维度

如果说时间维度是天时，空间维度是地利，那么文化维度就是人和。

文化是存在于时间和空间之中的，文化和时间的结合就是要从历史传承和创造的角度看问题，文化和空间的结合就是要从本地特色、本地实情甚至本地局限的角度看问题。时间维度和空间维度都是此时代的视角，但是我们也要看到在文化的长河中，有历史的悠远情怀，有现世的安稳，更有未来的诗和远方。

一个项目如果没有文化维度和时间维度的结合，就会缺少人文的高度和体验的深度；如果没有文化维度和空间维度的结合，就缺少现实的广度和与本地生活的关联度。成功的策划要做到"致广大而尽精微，极高明而道中庸"，在时间维度和空间维度上要广大又高明，在实践层面要精细而中庸。

一些项目如小吃街，非常好地满足了本地市民的生活需要，但是缺少高屋建瓴的设计，无法在文化维度上吸引本地市民之外的人群，不能在空间维度上强势出圈。一些项目如脱离本地实情的产业园，只有理论和形象上的高度，没有真实的经济基础，不符合本地的传统优势，成了无源之水、无本之木。

2023年山东淄博烧烤，基于山东人的热情好客这一文化特色和底蕴，给全国人民带来了特别的体验。政府的引导和服务，创造了良好的营商环境。

从整个山东的文旅定位来看，"好客山东"一开始并不是山东的独特文化，陕西、山西、河北、河南……哪个地方不好客？山东的文旅项目定位，应该是从当地的独特文化开始的，"好客"则是独特文化的一个组成部分。

例如山东临沂的几个温泉项目曾经向我们询求定位上的帮助，我们的建议之一就是从"孔子浴乎沂"出发，打造儒家文化的体验场景。孔子曾经在山东临沂的沂水河畔,和弟子们一起畅谈人生理想,这是只有山东才具备的文化体验。别处的温泉或许装修更好、服务更佳、体验更丰富,但是只有在山东临沂的温泉,顾客才能有不可复制的文化体验。

品类维度

我们在定位五式中提到的江小白案例,其实就是把白酒这个品类从宴请场景换到了聚会场景。

王小卤这个品牌,其关键开创点就在于虎皮凤爪这个品类。这个品类存在于餐饮场景,是一道广东名小吃。但是品牌把这个品类换到了零食场景,开创了不一样的体验。

老乡鸡在安徽发展的时候,它所处的品类赛道是夫妻店和早餐店,以"连锁经营更干净"的战略降维打击。但是在它走出安徽之后,其品类赛道换成了中式快餐,价格、服务、产品都应随之升级。

宋城千古情创始人宋巧玲出身于文化馆,对打造演艺项目的热情很高。在一开始,宋城千古情只是为了吸引游客入园的项目之一,本身不收钱,盈利靠卖门票。戏剧是手段,门票是目的。重新定位之后,创始人把宋城千古情这个品类从手段升级为目的,不再通过戏剧吸引顾客购买门票盈利,而是通过戏剧本身盈利。品类维度转换之后,创始人就不再需要自己规划整个景区,而是可以通过这个项目和全国景区合作,极大提高了创作效率。

技术维度

冷萃技术最初用于医疗行业,三顿半把这个技术率先应用到速溶咖啡中,解决了速溶咖啡不如现磨咖啡口感好的问题。

除了率先使用新技术,我们更要强调对新技术的战略性使用。例如小米对互联网技术的使用就是战略级的,而不是战术级的。和其他手机品牌相比，小米最大的特点就在于它的销售渠道和营销传播都是线上的，这给品牌节省了近一半的费用。

一家像蚂蚁一样的小公司，怎么去挑战这些巨无霸呢？小米利用互联网方式做手机，把软件、硬件、互联网融为一体，这样公司将具备颠覆行业的空前竞争力。小米早期通过网上发帖，招募了 400 个用户进行产品测试，用户提出的任何问题，都被小米作为产品改进的参考。

为了能尽快满足用户需求，根据用户意见快速迭代产品，小米用了一种前所未有的互联网开发模式，MIUI 成了全球第一个每周更新的操作系统。MIUI 的社区论坛聚集了当时中国最活跃的手机发烧友，团队全员每天泡在论坛里收集用户的反馈。MIUI 每周更新的功能，哪些受欢迎，哪些不受欢迎，反馈均来自 MIUI 的社区论坛用户。用户的参与，加上互联网开发模式，让 MIUI 团队实际上拥有了一支 10 万人规模的产品开发团队。[一]对其他手机品牌来说，互联网技术是战术的补充，但是对小米来说，互联网技术是战略的核心。

小米社区和 10 万人规模的手机发烧友是它的营销传播队伍，也是它的线上销售渠道。别人花大价钱才能得到的东西，对小米来说近乎免费。

现在这个时代，直播和短视频就是新的技术，懂得战略级使用新技术的品牌就像曾经的小米一样，可以在技术维度上对其他品牌进行降维打击。

第五节 视觉锤和语言钉

视觉锤的概念因为劳拉·里斯的《视觉锤》[二]而备受重视。在国内，在各大广告公司和设计公司的推动下，品类原型、视觉锤、超级符号等视觉设计的概念也广为人知。

[一] 雷军，徐洁云. 小米创业思考 [M]. 北京：中信出版集团股份有限公司，2022.

[二] 本书中文版机械工业出版社已出版。

不管是日常经验还是专业操作，我们都对视觉锤倍感熟悉，对语言钉不甚了解。但是特劳特在《新定位》中提到：头脑靠耳朵运转。思维是处理声音的过程，而不是处理图像的过程（即使其中包含图画和照片）。因此，你愿意去看你所听到的东西，声音使你希望去看，而不是眼睛直接告诉你这个信息。

视觉更强大，但是头脑靠耳朵运转。视觉锤和语言钉到底哪个更有效？二者之间的关系是怎样的？这正是接下来要讨论的问题。

心智是什么

为什么要从心智说起？事实上，了解心智是理解视觉锤和语言钉的前提。了解了起源，才不会陷在细枝末节中。关于心智有很多种定义，我们的定义是：心智是人类在漫长的进化中形成的思维习惯和行为模式。心智的目的是生存和繁衍。

史蒂芬·平克在《心智探奇》一书中这样定义心智：心智是一套由计算器官组成的系统，它经自然选择的设计来解决我们祖先在茹毛饮血的生活中所面对的那类问题，具体包括：理解和操控物体、动物、植物以及他人。听起来可能有点拗口，其实简单来说就是，心智不单单关系到大脑，还关系到大脑所做的事情。有了心智我们才能推理思考、胜任工作、谈情说爱，在一个充满复杂关系的社会中生活下去。

心智为何缺少安全感？这个本能保护了人类的生存。人类和动物感受恐惧的根源，可以追溯到大脑内一个叫作杏仁核的结构。平克提到一个实验，科学家把老鼠大脑中的杏仁核切除掉，给它们起了个名字叫"无畏鼠"，把无畏鼠和猫放在一起，它们不会逃跑，反而还敢跑到猫的面前挑衅。随后，实验人员又把正常的老鼠和无畏鼠放在了野外的模拟试验场，正常的老鼠花了一周的时间才把周围几米范围探究清楚，但是无畏鼠第一天就在整个试验场跑了一大圈，根本不担心附近是不是有潜藏的危险。结果，第二天无畏鼠就从试验场的假山上掉下来摔死了。同理，如果人类没有了恐惧的情感，可能就会对危险失去警惕和畏惧。

我们会对腐败、溃烂的食物感到恶心，对苍蝇、老鼠、蟑螂感到厌恶。进化本能为我们设置好了情感偏好，让我们本能地远离它们。相反，我们会对有利于生存和繁衍的事物感到欢欣。视觉锤和语言钉的存在，要从有利于生存和繁衍的功能上去理解。

心智靠语言处理信息

西北大学曾做过的一项调查指出，如果你想说服人们购买某种产品，比如洗发水，你可以只用有声语言传达产品信息，也可以同时运用一些图像，但是二者相比，人们更容易接受前者，前者更容易激起人们的购买欲。单纯的有声语言信息更能在人们的大脑中留下深刻印象。

从电脑的工作原理可以更好地理解心智的工作模式，因为电脑就是根据人脑的工作原理设计的：输入信息、处理信息、输出信息。而语言就是大脑处理信息的方式。《定位》中说："名称就像钩子，利用它把品牌挂在潜在顾客心智中的产品阶梯上。"

心智靠视觉收集信息

心智靠语言处理信息，那么信息从哪里来呢？视觉。你有时会忘记一个人的名字，但是通常会记得他的模样。你可能会忘记一个品牌的名字，但是你会记住它的标志。

如果我们到了国外，又不懂得当地的语言，那么辨别信息的唯一方式就是图形。人类最早的信息记载方式并不是文字，而是图形，人类最早靠视觉和图形来收集信息，表达情感。这就决定了视觉锤比语言钉更强大。史蒂芬·平克揭示了人类进化的关键：

面对复杂的生活环境，让心智进化出来的第一个因素是视觉。我们主要依靠两只眼睛来认识、感知外部世界。有一个关于恒河猴的实验发现，视觉的使用占了它们大脑一半的带宽。我们人类更多，感知世界90%的信息都是来自视觉。

视觉比听觉、触觉、嗅觉等感知途径有利的地方在于，它帮我们建立了立体视觉，让我们能够目测到目标的距离，立体视觉可以帮助我们在树上灵活地移动而不会掉下来，能让我们准确计算出自己和猎物之间的距离。

同时，对色彩的视觉，可以帮助我们辨别食物，比如说果子成熟的时候颜色一般都很鲜艳，腐烂变质的东西是黑灰色的，我们可以通过食物的外貌来判断能不能吃。如果没有视觉这个因素，我们对于外界的感知就会非常迟钝，有了视觉感知，我们才能快速了解、分辨外界环境，帮助我们的心智获得更准确的生存信息，并为下一步的信息处理提供基础。

视觉负责收集信息，语言负责处理信息。如果没有视觉锤，信息就没有机会进入心智。如果没有语言钉，信息就不会被处理，也就不会被记住。

视觉锤要素：能用语言描述出来

能够用语言描述出来的视觉锤，才是一个成功的视觉锤。视觉锤和语言钉完美结合的表现是：一目了然、一听就懂、一见如故。为什么能够用语言描述出来的视觉锤，才是一个好的视觉锤？因为品牌要靠语言去传播。检测一个视觉锤能否"一听就懂"的办法就是，让设计师描述给你，看你在头脑中能否产生相应的画面，因为视觉锤在顾客之间传播的时候，顾客可没有机会看着图片交流。

耐克的视觉锤可以描述为钩子或对号，阿迪达斯的视觉锤可以描述为三叶草和三道杠，新百伦和匡威的视觉锤也很好描述。视觉锤在顾客之间传播的时候，不能用语言描述出来的会很吃亏。

能够用语言描述出来的视觉锤，证明它已经关联了已有认知，进入心智的分类。语言无法描述的视觉锤，证明它和已有认知相冲突。

语言钉要素：要有画面感

史蒂芬·平克曾试图探讨人们的心智模型到底是如何运转的，他得出的答案是，物体的表征方式（即作为一组特征）自动地委托系统以一种特定的方式来进行概括归纳。㊀ "表征"就是信息在头脑中的呈现方式。例如，我们听到"大象"这个词，就想到它们是体形巨大，有着长鼻子、大耳朵的哺乳动物，这就是我们头脑中对大象概念的认知。

《新定位》里提到，许多经典的印刷广告揭示了单纯的图像没有意义。单纯的语言又如何呢？事实上，语言钉和视觉锤的关系，也类似于配称和信任状、内部思维和外部思维的关系，看起来是两个东西，而我们要在它们相交的部分寻找机会。例如，乔布斯在介绍 iPod 的时候说，这是一个能把 1000 首歌装进口袋的音乐播放器。

一个画面能够用语言描述出来，说明它能够进入心智被存储起来；一个语言钉有画面感，说明它能够在头脑中产生画面，进而成为可收集和可传播的信息。

云耕物作是一个专做云南红糖的品牌，品牌名字起得并不好。但是这个品牌洞察到一个词——暖。顾客在描述产品体验的时候会说，喝完红糖水后感觉暖暖的。品牌就把一个大大的"暖"字放在包装上，当女生忘记品牌名的时候，她们会跟男朋友说买那个包装上有"暖"字的红糖。这个设计严格来说还不是视觉锤，因为"暖"字很难被独占，别的品牌也可以用，但是至少这个设计能够进入顾客记忆，被顾客用语言描述出来。

如果你设计了一个无法用语言描述的视觉符号，那么顾客基本记不住，即使记住了也没办法向别人传达。

㊀ 平克. 心智探奇：人类心智的起源与进化 [M]. 郝耀伟，译. 杭州：浙江人民出版社，2016.

心智靠分类抽象推理

心智主要包括三方面的能力：获得信息、处理信息、输出（应用）信息。获得信息靠视觉，处理信息靠语言，输出信息靠抽象推理，抽象推理靠分类。这就是心智分类存储的进化心理学源头。

推理就是从已知的或者假设的事实中得出结论的思维过程。推理的出发点是分类，你只有会分类，才可能会推理。

分类的能力就好像你能把不同的事情放在不同的盒子里，然后给每个盒子贴一个标签，当我们遇到不同的问题时，就可以根据标签，迅速从不同的盒子里找出答案。

虽然我们不能清晰地了解每个物体的具体特性，但是我们可以观察到它们的明显特征，总结出共同点，把它们进行归类。在分类越来越细化之后，我们再见到一个新事物的时候就可以进行推理了。

其实，我们在很小的时候就有了分类的能力，比如小朋友就会根据一个女性的外貌、穿衣打扮，来判断应该叫她姐姐还是阿姨。

表 8-1 虽然是网友开的玩笑，但是能表现出不同的命名之下，心智的不同反应，因为心智靠语言处理信息，大脑靠耳朵运转。

表 8-1 国外地名翻译笑话

外文名	常用译名	玩笑译名
New York	纽约	新乡
Greenland	格陵兰	青岛
Pearl Harbour	珍珠港	蚌埠
New Foundland	纽芬兰	新发地
Rocktown	石城	石家庄
Red River Valley	红河谷	丹江口
Table Mountain	桌山	平顶山
Portsmouth	朴次茅斯	浦口

总结下来就是，心智靠视觉收集信息，靠语言处理信息，靠抽象推理（分类）输出信息，这也是品类分化的认知学解释和起源。

视觉锤更强大[一]

视觉锤比语言钉更古老、更有力量。根据社会学家的研究，人类沟通的大部分信息来源是表情、肢体动作和音调。语言在沟通中只占7%，93%都是靠非语言信息传递。跨国公司的董事会不论多忙，都要定期见面，因为仅仅靠语言无法完成深度的沟通。下面这个段子，特别能说明视觉锤优于语言钉。

刚刚被一辆法拉利超车，老婆问老公："车标是马的是什么车？"

老公："法拉利。"

老婆："牛呢？"

老公："兰博基尼。"

老婆："羊呢？"

老公："道奇。"

视觉锤比语言钉更有力量的第二个原因是，前者更可信而且出现的机会更多。每天你能听到麦当劳广告语的机会并不多，但是每次路过麦当劳门店或者线上消费，你都能接触到麦当劳的视觉锤；你每天能听到奔驰汽车广告的机会也很少，但是你总能在路上见到它的视觉锤。视觉锤出现的机会越多，就越有力量，同时心智对视觉锤往往没有预防，不会产生"这是广告"的防御心理。表面凹凸坑纹设计的铝制金属旅行箱在综艺节目中出现的时候，极少有人认为这是一个广告，但是很多人都会受到吸引。

视觉锤比语言钉更有力量的一个表现是，语言钉之间不会冲突，视觉锤之间会冲突。类似的语言钉可以用在不同的产品中，比如360强调网络安全属性，沃尔沃强调汽车安全属性，小葵花药业强调儿童用药安全属性，彼此之间并不冲突。百事可乐的时尚属性、肯德基的年轻人属性、奢侈品牌的潮流感，彼此之间也不冲突。但是类似的视觉锤之间会

[一] 本节观点受到记豪《战略视觉锤》的启发。

产生冲突，造成认知混乱。因为视觉锤的这种属性，品牌在设计视觉锤的时候尤其要注意分析竞争对手，产生区隔，从而避免被当作其他品牌的跟随者。

视觉锤要从战术中来

战略由战术导出的本意是，好的战略是在一线市场上发现的，而不是在办公室里想象出来的。战术导出战略，决定了战略的制定是由外而内的，而不是由内而外的。

《营销革命》首次提出了这个概念：战略由战术推动，先在市场上找到一个有效的战术，再将其构建成一个战略。

商业环境中，人们往往倾向于看到自己想要看到的东西。这也正是"自上而下"思维的危险所在，它使得人们容易忽略所有与实现既定战略无关的因素和机会。

从战术中导出战略，决定了战略制定不会陷入内部思维。战术上升为战略，意味着要把战术执行到企业运营的方方面面。

之所以提出这一点，是因为品牌标志往往是内部思维的产物。而要打造视觉锤，则要转向外部思维。在竞争微弱的环境里，有标志胜过无标志，视觉锤的打造可以不关注心智和竞争；在竞争激烈的环境里，过去的信念就不再适用了。

视觉锤的设计，一向是内部思维。从标志诞生开始，它就是为表达企业理念而存在的。品牌的起源之一——烙印在牛屁股上和橡木桶上的标志，都是为了标明"我"的不同：这是我家的牛，不是别人家的；这是我家装红酒的橡木桶，不是别人家的。

为了使码头的货物避免风吹雨淋，货物上都盖上了帆布。宝洁公司的员工为了标记自己的货物，就在帆布上画了一个星星标志。独特的标志引起了模仿，很多个和宝洁公司相似的标志出现了，于是宝洁公司的员工又设计出第二个标志：众多星星加一个月亮。一线员工的创造一开始并没有引起高层的重视，直到有一次发送的货物上没有星月标志，经销商认为是假货而要求退货，宝洁公司高层才开始重视起来，并设计了第三个标志。多年以后，宝洁公司的标志才变成了"P&G"，取自两位创始人名字的首字母。

从宝洁公司标志的演化可以看出，标志用于表达企业内涵。在竞争不太激烈的年代，有标志胜过无标志，有传播胜过无传播，但是随着竞争加剧，各类表达自我的标志出现在顾客面前的时候，能替顾客表达心声的品牌更容易胜出，或者仅仅是不同于竞争对手的品牌也能胜出。

是表达企业理念重要，还是占据心智重要？对比之下一目了然。视觉锤从战术中来，不仅意味着要关注竞争对手，还意味着要关注顾客的使用场景。

比如，狗粮品牌汪仔饭在外包装上体现了差异化，十分用心，而事实上在消费场景中，外包装是被撕掉的。撕掉外包装后的汪仔饭产品与其他品牌产品并无不同。这和一开始品牌想要达到的目的并不一致。其实品牌完全可以在狗粮形态、盒子形状和颜色上有所创新，比如用棕色的、骨头形状的盒子，这样在撕掉包装后，顾客还能看出来产品的不同之处。

视觉锤要成为战略

从战术中提炼出视觉锤是不够的，还要在战略的高度上全力推广视觉锤。英国人发明了火车，但是德国人把火车上升到战略高度，集中国家力量发展铁路，把全国各地连在一起，极大地增强了国力。这就是战术和战略的巨大差异。

瑞幸咖啡提炼出"小蓝杯"视觉锤后，并没有让这个视觉锤停留在包装上，而是将其上升到战略层面。瑞幸咖啡首先在广告中明确提出了

"小蓝杯"的概念,让视觉锤和语言钉相结合;然后把"小蓝杯"视觉锤用在店面装修、活动推广、App界面上。

企业标志一开始是企业自我表达的工具,但是随着竞争加剧,所有企业都在自我表达的时候,那些更关注竞争对手和顾客心智的品牌更容易胜出。一个好的视觉锤会包含标志,但是不局限于标志;视觉锤应该来自市场一线,而不是广告公司和企业创始人的办公室。企业在发现了一个好的视觉锤之后,就应该大力推广,让其代替明星,成为企业的代言人。聪明的品牌会把自己的产品打造成视觉锤,例如可口可乐。

可口可乐给汉堡王供应可乐,在汉堡王的杯子上也不忘印上自己的视觉锤:6.5盎司㊀弧线瓶。相比之下汉堡王的视觉锤就不清晰:是那个王冠造型?还是BURGER KING的标志?

如果BURGER KING是视觉锤,那么它不包含视觉上的非语言信息,缺少辨识度;如果王冠造型是视觉锤,那么它不够简化和差异化。可口可乐的非语言信息能让潜在顾客根据字形立刻辨别,而不是靠拼写,BURGER KING的则不能。视觉锤就像把语言钉钉到认知中去的锤子(见图8-4)。

图8-4 视觉锤和语言钉的关系

第六节 战备思维

孙子曰:故用兵之法,无恃其不来,恃吾有以待之;无恃其不攻,恃吾有所不可攻也。又曰:昔之善战者,先为不可胜,以待敌之可胜。不可胜在己,可胜在敌。

大概意思就是,不要侥幸指望敌人不来袭击我,而要做好随时应付敌来的充分准备;不要侥幸指望敌人不来攻打我,而要令自己葆有使敌

㊀ 1盎司 = 28.3495克。

人不敢攻打我的强大实力。能否取胜在于敌人是否犯错，不可被战胜在于自己的充分准备。

在战争到来之前的充分准备，就是战备思维。

配称是战备的一部分

战备的定义是，企业为应付可能发生的竞争或突发事件而在平时进行的准备。配称，按照迈克尔·波特的定义，是指在战略定位指导下企业各项运营活动之间的关系。笔者认为，配称的范围不妨扩大些，企业各项运营活动和它们之间的关系都可以被称为配称。

瓜子二手车定位直卖网，保卖服务就是它的配称。围绕直卖网这个定位，瓜子开展的所有运营活动都是配称。沃尔沃汽车的定位是安全，那么安全带、安全气囊等就是配称。为了"安全"这一定位，沃尔沃在企业内部的管理活动，在企业外部的营销活动都是配称。宝马的定位是超级驾驶机器，那么它植入好莱坞大片中的飞车场景、为驾驶体验牺牲的外形、为增强操控感进行的技术研发等都可以视为配称。

配称不是一个特别好的命名，并不通俗易懂。配称对应的英文是"fit"。如果说战略定位是确定一个人的体形，配称就是量体裁衣，根据这个身体的特点剔除不合适的，留下合身的，再增加更合身的。

配称一方面是聚焦和取舍，另一方面是补充和增强。如劲霸为了聚焦男装砍掉了另两个项目，长城汽车为了聚焦经济型 SUV 砍掉了投资近 50 亿元的家庭轿车生产线，香飘飘为了聚焦杯装奶茶砍掉了房地产项目，乐高为了聚焦玩具砍掉了游乐场项目。取舍，即确定你不要做的事情。做决策的考验之一是回答："什么是你不想做的事？"在 30 秒内问自己两三个问题，可以帮助你有效做出决策。

首先，你要问自己一个客观的问题："你的独特定位在哪里？"

其次，问自己："你为哪个部门服务？""你从不打电话给哪类客户？""你不提供什么服务？"接下来，答案就要揭晓了。

战略，就是给你所想达成的目标设定限制。直觉可能会告诉你："设限意味着无法快速成长、意味着潜能降低。"然而这并非事实。设限是为了让企业壮大。设限之后，才能寻找到真正的优势和主控权，"有设限才有成长"，"有所为才有所不为"，这是很辩证的法则。

配称的一致性、完整性、协同性和增强性

波特认为，战略的成功依靠的不是仅仅完成几件事情，而是要完成许多事情，并对各项运营活动进行统筹兼顾。

首先是一致性。农夫山泉的定位是天然水。在传播推广上它强调产品是天然水源，富含多种人体所需营养元素；它上市的价格较高，这也支持了天然水营养成分丰富、水质更好的观点。在目标群与渠道上，农夫山泉加强了在中小学校的推广，因为成长期的孩子"不可缺少必需的营养元素"。在广告里，农夫山泉尖锐地进行了天然水和纯净水在营养物质上的比较。它的公关活动，则更多地支持与赞助"营养元素容易流失、特别需要补充"的体育运动健儿……可以说，这种多方位整合的营销传播与广告操作，是国内甚为完整的定位广告案例。

其次是完整性、协同性和增强性。只有一致性，各个运营活动之间没有关系，是各自独立的。完整性意味着各个运营活动应以"不重叠、不遗漏"的原则形成互补性关系。完整性和一致性都有，就会形成协同性效果，进而形成增强性效果。

如果说一致性是让每个运营活动都朝着一个方向前进，不要"1+1=0"，那么协同性就是为了形成"1+1=2"的效果，而增强性则是为了形成"1+1>2"的效果。战备思维四要素如图8-5所示。

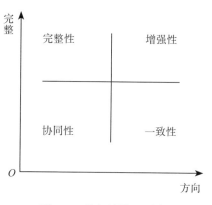

图8-5　战备思维四要素

成本领先

竞争无处不在，赢得竞争的关键就是相对竞争对手的成本领先。

美国西南航空公司定位短途廉价飞行。为了抢占这个定位，它进行了一系列的配称运营：如只用波音737一种机型，节省管理和维护成本；避开大机场，不飞远程航线；没有头等舱和商务舱；不提供餐饮服务；减少代理商，鼓励乘客直接从官网订票；登机牌可重复使用等。单一机型、只有短途飞行的配称设计，使得美国西南航空公司的运营效率很高：旅客上下飞机所用的时间大约为15分钟，每天每架飞机平均飞11个班次。同时，环环相扣的运营活动，降低了美国西南航空公司的内部成本。它的机票售价和长途汽车票价格差不多。

美国大陆航空公司采取了与美国西南航空公司几乎完全相同的运营措施，在一些特定的航线上，它不但取消了餐饮和头等舱服务，而且增加了航班班次、降低了票价、缩短了泊机时间。但是在其他航线上，它仍然坚持全面服务的定位，继续与旅行社合作并采用混合机群，继续提供行李托运和指定座位服务。结果，在班次密集的航空枢纽城市，美国大陆航空公司的航班经常被延误，在航站楼停留的时间也因行李转运而延长。

如果没有准确定位，成本领先也会成为无用功。

波特在《日本还有竞争力吗？》一书中提到日本企业在提高运营销量、实现成本领先上颇有天赋，但是大多数日本企业都为消费者提供同样的产品，甚至在渠道选择、厂址设置上也接近一致。它们喜欢保持一致，消除差异和个性，也喜欢为所有人提供所有服务，最终导致的后果就是没有战略。企业在同质化的竞争中举步维艰。从单个企业看，这些企业都是运营效率极高的。从整个社会看，没有差异化的竞争让所有企业都陷入了困境。

配称的增强性要求企业运营形成环环相扣的效果，也可以用增长飞轮的概念来描述。

对于新茶饮品牌茶颜悦色来说，聚焦长沙本地市场一方面降低了企业的物流成本和管理成本，企业可以用较低的价格打造高性价比的产品，同时将自己建设成长沙"城市名片"；另一方面高性价比的产品和城市名片的属性，让它的知名度更高，进一步降低了内部成本，尤其是营销成本。各个元素之间形成了环环相扣的增强性效果。

战备思维：管理内外资源

把认知当作战备的一部分，把外部认知和内部认知视为企业资源，这是配称理论没有涉及的。

管理认知的最终目的是在用户心智中占据一个位置，实现提前销售，而不是坐在货架上等着被选择。战备思维，一方面是管理外部认知，另一方面是管理内部认知（和运营活动）。

德鲁克曾说，相比有形的企业资源浪费，无形的智力资源浪费更加严重，也更加不被企业重视。如果管理者没有一致的、稳定的、明确的经营方向，企业内部的心智资源就会出现混乱，企业运营的成本就会随之提高。

有个很违背常识的故事，特别能说明聚焦心智资源的重要性。

一家只有 30 张手术床位的医院，经常有病人要做手术，导致床位供应极度紧张。院长向咨询顾问提出要求：在不增加床位的前提下解决床位供应紧张的问题。院长的看法很符合常识：既然不能增加床位，那就只能想办法提高医生的手术效率。咨询顾问在观察了医院的工作流程之后，提出建议：空出一张床作为应急手术台。

病人较多时，医生难以保持连续的工作状态，因为常常有急诊的病人打乱他们的工作节奏。医生的心智资源处于耗散状态的时候，工作效率很低。空出一张床位作为应急手术台使用，医生就可以按照自己的工作节奏来，工作效率反而提升了。之前 30 张床位都不够用，现在 29 张床位反而够用。

几乎任何一个组织里都有这种现象：人们疲于应付紧急的事件，没有专门的时间处理重要的问题。组织中的每个人都很忙碌，但是没有成果，因为整个组织的心智资源没有聚焦在有价值的工作上，每个管理者之间也没有形成协同、一致、增强的整体效果。战备思维，就是在有明确的战略定位前提下，对企业的内外资源进行完整性、一致性、协同性和增强性的管理。

小米的战备思维

2019年初，小米的战略是"手机+智能物联网"。2020年8月，小米的战略调整为"手机×智能物联网"。加号改为乘号，有何不同呢？

雷军用一款799元的滚筒洗衣机来举例：相比其他洗衣机厂家，小米的这款产品价格亲民、材料品质优秀，上市之后受到了欢迎。但是雷军认为这对小米的企业战略没有帮助。从小米的企业愿景看，799元的滚筒洗衣机完全符合"打造感动人心，价格厚道的产品"的愿景，但是愿景不等于战略。

雷军认为，错误的本质在于用加号连接并列的二元业务核心结构使得公司的战略执行出现了失焦。手机业务的增长和智能物联网（AIoT）的增长似乎成了两件事，AIoT相关业务群更加倾向于独立的用户数和连接数的提升，以及网站成交金额的增加，但是没有聚焦于手机和AIoT共同构成的智能生活体验的核心目标。

把加号改成乘号，突出核心业务，强调不再是业务的简单相加，而是乘数效应。一个符号的修改，明确了智能手机依然是企业的核心业务，其他业务需要围绕智能手机展开，以构建智能生活的强大生态。

基于这个判断，雷军认为799元的滚筒洗衣机对增进用户使用体验、为用户提供独特价值，以及建设科技生态没有帮助，甚至是对公司品牌资产的一种稀释与浪费。

用战备思维四要素来看，小米之前只有完整性，没有一致性，无法形成环环相扣、互相赋能的增强性效果。就像雷军说的，部门增长目标与集团整体目标发生了背离，分开看，每个团队在部门增长目标上都很专注，但是合起来一看，则不够专注。

所以，公司的核心业务和核心方向、核心目标一定是一元的，不存在二元甚至多元的可能。无论是创业阶段的单点切入还是业务扩张，都是围绕一元核心展开增长飞轮的不同阶段而已。这个一元核心，就是企业的战略定位。

我们认为企业要具备战备思维，才能真正占据有利位置。这个战备指向企业外部（主要是指顾客认知），也指向企业内部（内部认知和运营活动）。企业内部又分为可见的产品、技术、设备、渠道等资源和无形的心智资源。相比有形的资源，企业内部心智资源的浪费更加隐蔽、更不容易被发现。

一个完善的战备系统，应该在企业内外产生协同、一致和增强的效果。内部的所有成本都可以转化为外部成果的时候，企业才能成为一个管理有效的组织。

第七节　战役思维

战役思维，是对公关行为的升级，就像战备思维是对配称概念的升级。

战略思维，是先处于不败的位置，等待竞争对手犯错误。特劳特的方法是：占据优势位置后，把握战略节奏，以优势兵力在认知中一举占据高地。君智的方法是：用战略直指人心、用战备塑造人心、用战役引爆人心。在战略准确、战备充分的前提下，应该主动发起战役。在定位实践中，很多人都把"大决战"看作打广告，把"发起战役"看作公关启动制造热点，其实这是对广告和公关的双重误解。

首先，广告和公关已经开始融合，广告公关化、公关广告化是现在的趋势。其次，战役不同于公关，公关只是品牌部门的一件次要的事情，战役则是整个组织的多件重要的事情。

在笔者看来，特劳特和君智的方法论是可以打通的：战略能够直指人心的要义，是在认知中占据优势位置；发动战役需要战备充分（自身不犯错），把握节奏，在一次或几次关键战役之后引爆人心，拿下认知高地。

到底几次战役能引爆人心、拿下认知高地，笔者认为运气是很重要的。进一步说，战役发起能力是一个企业的必备能力，组织要持续不断地在认知中发起战役。用户是健忘的，所以在发起战役引爆人心之后，某些具有重复性的战役要升级为战备，扮演塑造人心的环节。同时企业又要不断发起新的战役，持续引爆人心，维护品牌所占据的优势位置。战役思维的五个要素如图8-6所示。

图 8-6　战役思维的五个要素

全局性："凡战者，以正合，以奇胜"

战役思维的第一个要素是全局性，战役的设计要以战略为导向。

2022年，极狐汽车邀请了很多艺人在视频号上开线上演唱会，借助他们的号召力和视频号的流量支持，这次营销活动传播效果很好。但是顾客只记住了演唱会，少有人知道活动是极狐汽车赞助的，因为营销活动和极狐汽车的品牌定位没有形成直接的认知上的关联度。

在2022年引起广泛关注的还有江小白的100个道歉。对于外界关于江小白产品、品牌的诸多质疑，江小白没有正面回应，而是用顾左右而言他的方式做出了回应，收获了一波热搜，也避开了一些犀利问题。然而品牌过于强大的营销能力，反而让顾客形成了"江小白的工作重心在营销，而非产品上"的感受。

那么什么是有全局性的战役呢？

农夫山泉做的植物生长对比实验就是有全局性的战役。农夫山泉在广告片中分别用纯净水和天然水养殖水仙，一周后天然水养殖的水仙生长情况明显更佳。顾客直观地感受到天然水更有利于植物生长，自然更有营养。安克手机充电器，率先使用氮化镓技术，使得安克产品比手机原装充电器充电还要快。强化了更专业的充电器的顾客印象。

灵活性："奇正之变，不可胜穷也"

2020年，波司登参加伦敦时装周走秀。波司登让参加走秀的模特手持中国国旗，脸上也贴一面，走秀结束后，模特和现场观众齐声喊中国加油。现场视频传到国内后，随即登上抖音热搜。

这场战役，就具有全局性和灵活性。波司登代表国产羽绒服参加伦敦时装周，首先符合其"全球热销的羽绒服专家"的全局性定位，其次在疫情期间积极应对，在诸多品牌和媒体缺席时如约参加，是有灵活性的表现。

有灵活性但是没有全局性的战役，短期内或许能助力品牌获得一部分关注，但是对品牌的长期价值来说是一种伤害。

撬动性："不战而屈人之兵，善之善者也"

2012年，天猫"双十一"期间成交额为191亿元，京东单日成交额为10亿元。那时京东的购物节还不叫"6·18"，叫"红六月"。当时许多京东高管认为，京东的购物节要和天猫的有所区分，而徐雷认为，要把京东的购物节和天猫"双十一"关联，才能创造更大影响力。在他的一番努力下，京东"6·18"购物节诞生，真的做成了和"双十一"同级别的购物节。这其中关键一点在于京东撬动了顾客关于"双十一"购物节的认知。

发动战役的价值之一，是调动顾客认知的力量，让竞争对手不敢进入战场。

例如在火锅品类，海底捞可以获得远远低于同行的房租价格，甚至很多商场给海底捞提供免房租和补贴装修的待遇。海底捞能够受到如此优待，就是因为它在顾客认知中等于火锅，顾客会为了海底捞特意去一趟它在的商场。商场就是为了这些主动过来的顾客，给海底捞免房租。这就是顾客认知的力量，在火锅这个品类，几乎所有品牌都难以复制海底捞的成功。就算你拥有海底捞同样的服务、食材、价格，你也很难战胜它。因为你的房租比它高，没有调动顾客认知的力量，而海底捞正是通过调动顾客认知的力量，实现了"不战而屈人之兵"的效果。

2020年的飞鹤，在北方15个省级行政区域中已经有10个达到销量第一，但是北京市场并不认可飞鹤。北京市场是世界500强企业惠氏奶粉的大本营。飞鹤不拿下北京市场，会影响团队信心和顾客信心，之前10个销量第一的成果是守不住的。拿下北京市场，飞鹤才有机会乘势进入南方市场。飞鹤正确地运用了兵力原则，在拿下北京市场的战役中，不计成本地投入是其获胜的关键要素。

内部认知和外部认知是相关联的，撬动外部认知之后，内部认知也随之被撬动。我们称之为战役的质变性效果。经过前期常规性、量变性、标准化的筹备后，迎来一次非常规、非标准、质变性的战役，组织内部的信心和战斗力会发生质变。

质变性："道者，令民与上同意也"

关键战役的胜利，能够在组织内部引发质变性效果。

对波司登来说，2018年登陆纽约时装周、2019年与爱马仕前设计总监联名、2020年登陆伦敦时装周、2021年首创风衣羽绒服……每次战役都在撬动顾客认知的杠杆，也是实现组织质变的支点。对飞鹤来说同样如此。

值得注意的是，不管是兵力原则，还是节奏原则，都要以顾客认知中的有利位置为前提。不管是塑造人心的战备，还是引爆人心的战役，都要以直指人心的战略为前提。

重复性："善守者，敌不知其所攻"

重复性有两重含义，一是寻找重复使用的有效战术，二是将某些重复有效的战役升级为战备。例如波司登的时装周走秀，就可以从临时性的战役升级为常规性的战备。想要达到"善守者，敌不知其所攻"的效果，靠的是日常性、常规性的战备。持续在顾客认知中占据有利位置，一直围绕顾客的感觉调整企业经营要素，企业和品牌才能处于不可战胜的位置。

战备是养兵千日，战役是用兵一时。战备是磨刀霍霍，战役是一剑封喉。

战备思维是，不要侥幸指望敌人不来袭击我，而要做好随时应付敌来的充分准备；不要侥幸指望敌人不来攻打我，而要令自己葆有使敌人不敢攻打我的强大实力。先让自己处于不可被战胜的位置，等待敌人犯错的时候再战胜它。能否取胜在于敌人是否犯错，不可被战胜在于自己的充分准备。

战役思维是，主动出击调动对手，而不是被竞争对手调动。战备做得好，对手想打，却不知从何处下手。关键战役是企业制胜的关键，是从竞争中来，也是从市场环境的变化和顾客认知中闪现的微光而来，是从竞争对手最意想不到或者最不希望你出现的地方而来。

不管是战备还是战役，都要以战略为前提。战略是道，道在人心。

CHAPTER 9

第九章

持 续 进 化

第一节 理论内核

定位的核心是心智

菲利普·科特勒说,营销是一个充满活力、不断变化的领域。他也做到了知行合一,《营销管理》自 1967 年出版,至今已经更新了 15 版。定位理论的发展是一个不断升级的过程。定位理论从广告方法,进化到品牌理论,再到战略理论。

总体来说,一系列定位图书的升级是理论螺旋式上升的过程。虽然定位丛书看起来很多,但是如果把握核心原则就容易理解整个体系。就像儒家学说林林总总,钻之弥深,把握"良知"就能统领全貌,豁然开朗。定位理论看似复杂，把握"心智"就能如同庖丁解牛，让问题迎刃而解。

定位理论如果说有三个元素，那就是心智、竞争和企业自身实力；如果说有两个元素，那就是心智和企业自身实力，此时竞争元素在心智元素内；如果说只有一个元素，那就是心智。

不同专家的理论内核一致

定位理论的执行层面涉及识别定位的可能性竞争优势，选择正确的竞争优势，有效地向市场表明企业的市场定位，围绕定位开展战略配称。

如表9-1所示，从曾鸣到邓德隆，他们的底层逻辑都是围绕心智、竞争和企业自身实力这三个要素展开的。不同的是，在定位理论的语境中，这三个要素是指外部顾客认知中的状态，而非企业内部事实上的状态。江南春和冯卫东的总结更加简洁、易懂、好记，长期处于一线的人会有敏感的直觉和强大的总结能力。

表9-1 不同专家的理论内核对比

专家	心智	竞争	企业自身实力
曾鸣	你可以做什么	你能做什么	你想做什么
江南春	顾客认不认	对手恨不恨	员工说不说
杰克·韦尔奇	竞争形势如何	你有什么胜招	坚持并持续优化
大前研一	顾客	竞争对手	企业自身
叶茂中	以消费者为中心	以竞争对手为中心	以自我为中心
冯卫东	你是什么	有何不同	何以见得
邓德隆	分析外部环境	根据竞争占据优势位置	信任状和配称

杰克·韦尔奇如何制定战略

关于杰克·韦尔奇，很多人都知道他的"数一数二"企业战略：在全球范围内做不到数一数二位置的产品都要被砍掉，企业要集中全力发展有潜力的产品。

这个企业战略是被迫制定的。20世纪70年代日本制造业腾飞，推向市场的产品非常便宜，极大地冲击了通用集团的业务。减少浪费、降低成本、进行企业内部管理是日本企业特别擅长的，甚至出现了日本制造的售价低于美国制造的成本的现象。

这样的竞争环境迫使美国制造不得不做出选择，集中资源在自己更有优势的产业上。那么如何制定企业战略？韦尔奇说了三个步骤：为生意制定一个大方向，把合适的人放在合适的位置上，持续地优化实战经验。

关键在第一步，如何为生意制定一个大方向，看看韦尔奇拆解问题的路径。㊀

核心问题一：今天的竞技场是什么样的？

1）在你所属的行业里，有什么样的竞争对手，它们是大是小，是新企业还是老企业？

2）在全球市场和每个国家的市场里，这些企业各自占有多大的份额？你的企业对哪个市场更擅长？

3）这个行业有什么特征？是大众化的、高附加值的，还是介于这两者之间？是长周期的，还是短周期的？它处在行业增长曲线的什么位置？决定利润率的主要因素是什么？

4）每个竞争对手的优势和劣势有哪些？它们的产品是否出色？各自在研发上花了多大力气？各个竞争对手的销售能力如何？其企业文化在多大程度上是业绩导向的？

5）这个行业的主要顾客有哪些，他们的购买方式主要是什么？

核心问题二：最近的竞争形势如何？

1）过去一年，各个竞争对手都有哪些可能改变市场格局的举动？

2）是否有人引进了可以改变市场格局的新产品、新技术或者新的销

㊀ 韦尔奇 G，韦尔奇 S. 赢：韦尔奇一生的管理智慧 [M]. 余江，玉书，译. 北京：中信出版社，2005.

售渠道？

3）是否出现了新的进入者，它过去一年的业绩如何？

核心问题三：你的近况如何？

1）过去一年，你的表现对市场竞争格局有何影响？

2）你是否收购了企业，引进了新产品，挖走了竞争对手的主要销售人员，或者从某家创新企业得到了一项新技术的特许权？

3）你是否失去了过去的某些竞争优势：一位杰出的销售经理，一种特殊产品，或者一项专有技术？

核心问题四：有哪些潜在的变量？

1）在下一年，你最担心什么：竞争对手有没有可能做出什么事情，把你封杀，最后出局？

2）你的竞争对手可能推出什么样的新产品和新技术，甚至改变游戏规则？

3）会不会发生针对你的兼并收购？

核心问题五：你有什么胜招？

1）你能做些什么来改变竞争格局：企业兼并，推出新产品，还是全球化？

2）怎样做才能让顾客保持黏性，比以前更忠于你，比依赖别人更依赖你？

除了第四个核心问题，其余的内容都是在谈竞争、自身实力和顾客需求。韦尔奇认为，制定战略的要义就是分析竞争对手，看看哪些自己能做得更好就聚焦资源，哪些自己不做更好就果断舍弃。

如果你足够细心，会发现定位三元素里忽略了一个元素：外部环境的变化，也就是韦尔奇说的潜在的变量。因为定位理论的前提是在一个确定的竞争环境内赢得竞争，竞争之外的变化往往被忽视。

战略三角模型

战略三角模型由大前研一提出,他强调成功的战略有三个要素,在制定任何经营战略时,都必须考虑这三个要素,即企业自身(Corporation)、顾客(Customer)、竞争对手(Competitor)。只有将三个要素整合在同一个战略内,可持续的竞争优势才有存在的可能。大前研一将这三个要素称为3C或战略三角(见图9-1)。

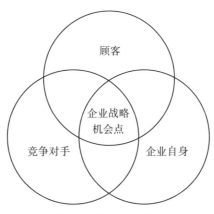

图9-1 战略三角模型

出身麦肯锡的大前研一提出的战略三角模型,也跟定位理论的方法一致。可见对于真相的探索,尽管每个人的表达方式不同,内在是一致的。

这个模型可以解释很多看似矛盾的现象。例如是不是已经有品牌占据的定位,其他品牌绝不可能占据呢?如果你的实力足够强大,对方又在犯错(如没必要的品牌延伸),是有机会占据的,具体要看竞争形势。

三星集团为什么可以做品牌延伸?因为在韩国的造船、手机、酒店等行业,三星集团的实力足够大。但是在中国就不行,因为竞争环境不同。

方太电器为什么还在做燃气灶、消毒柜?首先方太电器不在燃气灶、消毒柜品类做宣传,心智干扰小,其次它的主要对手老板电器也在这样做,竞争环境允许。同理可以解释小米的品牌延伸。小米在电商品类启用"有品"这个新品牌，因为电商品类竞争足够激烈，小米不能那么任性，必须要尊重心智规律。插线板、旅行箱、充电宝、数据线这些小品类，竞争不激烈或者并不是小米的战略重心，品牌延伸就可以放肆一点。

美团进军出行市场，没有启用新品牌，因为要刻意制造"美团 vs 滴滴"的竞争局面吸引关注。不是王兴不懂定位，而是考虑了竞争环境：滴滴在出行市场一家独大，美团在外卖市场如日中天，从滴滴身上争取更多心智资源才是重点。

我们认为，定位是必要的，不管企业有没有意识到自己的定位，它都在定位自己。但是在定位之上，是企业自身、顾客和竞争对手三者相互制约的格局。

叶茂中的冲突理论

叶茂中是知名广告人，他认为营销的本质就是冲突。营销就是研究需求，其实就是在研究人。而人性的本质，是七情六欲，是真善美，是贪嗔痴，是本能的映射，也是欲望的抑制，归根结底就是两个字：冲突。

冲突是战略第一步：营销的本质是洞察需求，而需求隐藏在顾客冲突里。发现冲突，发现需求，营销就能一招致命，实现指数级增长；制造冲突，就是创造需求。有限的需求和无限的欲望之间，冲动的感性需求和克制的理性需求之间，往往就是冲突的原点。

叶茂中认为，从需求的角度思考冲突有三个维度：以顾客为中心，顾客的冲突都有哪些；以竞争对手为中心，尚未被竞争对手解决的冲突有哪些；以企业自我为中心，产品到底要解决哪个冲突。

虽然叶茂中以"冲突"这个简单的概念推广自己的营销哲学，但是在简化信息攻占心智背后，他并没有偏离底层逻辑：竞争对手的存在、企业自身实力的允许和顾客的认可。我们认为，"冲突"的概念非常简单、直接、清晰、便于传播，比"关联定位""重新定位"都要好。

用《易经》的概念来解释，定位理论也有不易、变易和简易。不易的是心智，是三个要素的相互影响；变易的是竞争形势；简易，就是要把握不变的原则和变化的形势，找到最佳的战略位置。

心智与竞争

定位三叶草模型源自特劳特公司的定位三角模型，但是我们认为三叶草模型更能够体现定位理论的底层逻辑。定位三叶草模型不同于传统的战略三角模型，在视觉呈现上存在差别。传统的战略三角模型是内部思维，其中谈到的企业自身和竞争对手是指物理层面上存在的，三个元素之间各自独立又相互影响。在定位理论的视角中，竞争除了物理层面上的竞争（产品、价格、渠道、推广），还有竞争对手在心智中的位置，而后面这个层面的竞争是更为重要的。物理层面的竞争的目的，就是为了获得心智竞争的胜利。

第二个不同，是这三个元素事实上是一个元素：心智。我们谈到竞争，指的是心智中的竞争，并不是指传统意义上、物理层面存在的竞争。我们谈到心智，是指在竞争环境下的心智，抢占心智和竞争本来是一回事。定位理论认为顾客导向的时代早已经结束，现在是竞争导向的时代，这并不是把心智和竞争割裂开来，而是强调关注竞争的重要性。一些人抓住这点不放，认为定位理论忽略顾客，心术不正，这是有失偏颇的。

同样地，我们谈论企业自身，也是指企业在心智中的位置。一开始，只有心智，只有顾客自己，后来有了群体，有了社会分工，这时候心智分为两个维度：企业和心智，其体现在思维上是外部思维和内部思维。后来分工进化，出现了竞争。这时候心智有了第三个维度：竞争。我们把这个过程称为：一生二、二生三、三生万物。其他所有的战术，如聚焦、公关、侧翼战等都要放在这个底层逻辑中去理解才不会偏颇。如聚焦是为了赢得竞争，但是如果不考虑竞争环境，为了聚焦而聚焦，就会把自己局限在一个过于细分的品类中。在细分品类中占据位置之后，逐渐做大品类是更优选，如先锋电器一开始聚焦小品类电热油汀，又逐渐占据欧式快热机品类、暖风机品类第一，最后成为取暖器品类代表。

换个角度看，如果你所处的环境竞争不激烈，那就可以占据一个相对大一点的品类。如郑州潮汕记，一开始定位潮汕牛肉丸火锅，但是在郑州并没有潮汕牛肉火锅的领导者，于是它将定位调整为潮汕牛肉火锅。一字之差，体现在内部经营和外部传播上会有很大的不同。又如小米的品牌策略，在毛巾、充电宝、数据线等小品类小米品牌可以覆盖，因为竞争不强。这些品类小米没有重点宣传，所以从心智上看也没有很大影响，其核心还是服务于它的原点人群。

虽然特劳特公司不看好小米的品牌延伸，但是其服务的方太电器，它的燃气灶、消毒柜等小品类也用方太这个品牌，而在宣传中只提到吸油烟机这个大品类。这说明特劳特公司也认为小品类可以延伸，但是不宣传。可以延伸是因为竞争环境允许，不宣传是考虑到认知势能不能被稀释。

这也提到了一个学习定位理论的视角：不要只看定位公司们说了什么，也要看它们做了什么。另一个视角，是看践行定位的企业家们是怎么做的，还有一个视角是看反对定位理论的营销专家们的做法。最了解定位理论的常常是它的"敌人"。

总之，我们认为定位理论的核心是心智，企业能力要放在外部顾客的心智中看，竞争对手的实力也要放在其中考虑。从这一点出发，就能对定位理论体系有清晰的了解。

第二节　品牌生态位

生态位

生态位是指物种在生态系统中所占的位置。生态位的宽度依该物种的适应性而改变，适应性较大的物种占据较宽广的生态位。例如猫头鹰在低空捕食，它和猎物之间的距离比较短，所以它的眼部结构跟陆地动物很像。鹰在高空捕食，它需要长焦、变焦能力，所以眼部构造和猫头鹰就不一样。海洋里处于不同深度的鱼类身体构造也是不一样的，森林里不同的高度空间也分布着不同类型的鸟。

反鸟类是白垩纪时期中生代鸟类中种类最多且占主导地位的一类，有60多种，占据着不同的生态位。它们早期的形态很小，主要是树栖鸟类。

随着时间的推移，它们成了更大、更高效的飞行者，探索了不同的生活方式和多样化的栖息地，填补了6000万年的空白。

有的成了水中泳者，有的成了涉禽类，如水鸟；有的恢复到双翼构造，形成与小盗龙类似的腿羽，有的则再次回到了不能飞的状态；有的变得无牙，发育出角质喙，其他的则开始食鱼。

——《鸟类的崛起：2.25亿年的进化》

物种会进化出多种形态，占据多个不同的生态位。品牌作为一个物种，也遵循这样的规律。

如果在同一个生态位上出现了两个物种，那么它们就会以"性状趋异原则"进化出不同的特征。根据性状趋异的原则，在地理位置上重叠分布的两个物种，某些性状必定存在明显差异。

进化生物学家恩斯特·迈尔说："在很多情况下，取得成功仅仅是由于变得与众不同或者更加不同，这样就减少了竞争。达尔文提出性状趋异原则时就清楚地了解这一点，它促进不断变化，但并不一定是进步。"某一物种得以生存的真正原因，不一定是它比其他物种更强壮，而在于它与其他物种之间存在明显的不同。所谓适者生存，并不是最强大的物种生存，而是最能够适应环境的物种才能生存。如果两个很接近的物种非要在同一个生态位生存，那么就会一个物种灭绝另一个物种。

商业物种的生态位

不同生态位会产生不同的性状，不同的性状适用不同的生态位，商业物种也是如此。这里并不是拿生物界的性状趋异打比方，而是说商业物种和自然物种一样，也遵循这个法则。例如肯德基和麦当劳占据了汉堡的生态位，华莱士就只能去占据低端汉堡的生态位，真功夫就只能去占据中式快餐的生态位，乡村基就去占据川味快餐的生态位，老乡鸡就去占据中式社区厨房的生态位。

鲁梅尔特在《好战略，坏战略》一书中提到好战略的其中一个标准："找到一个能够扬长避短的领域，放大你的优势，同时让你的劣势变得不那么重要。"微信、易信、来往、米聊都在抢占同一个生态位，聚划算、窝窝团、糯米网等也都在抢占同一个生态位，摩拜单车、ofo单车、哈啰出行等也是在抢占同一个生态位，最终活下来占据生态位的都只有一个物种。

腾讯在重新定位为"互联网的基础设施"之前，一直尝试占据其他生态位。百度做搜索，腾讯也做；360做安全杀毒，腾讯也做；阿里巴巴做电商，腾讯也做。直到腾讯和360之间发生激烈的商业冲突之后，腾讯才重新定义自己的生态位。用马化腾的话说，是从一个封闭的系统变成了一个开放的环境，腾讯把自己不擅长的搜索业务卖给搜狐，把做得不好的电商业务卖给京东，只保留自己的核心业务——通信和数字内容，和其他生态位上的企业充分合作。马化腾总结说：

我们过去其实有很多失败的案例，比如搜索。我们的团队完全照着百度来，人家有什么我们就有什么，没有想到别的路径。比如搜狗就很聪明，它在搜索领域做不过百度，就做浏览器。浏览器靠什么带动？输入法。输入法带浏览器，浏览器带搜索，迂回地走另外的路，就比我们做得好。人家花的钱是我们的三分之一，最后（取得的成效）是我们的2.5倍。

我们的电子商务原来是照淘宝做，做来做去，越做越没希望，一模一样的东西很难（胜出）。包括微博，我们下大力气做腾讯微博，也没有超越新浪微博，始终没办法突破。最后发现让新浪微博绝望的不是腾讯微博，而是微信，特别是朋友圈（功能）出现之后。

这也给我们启发，打败微信的肯定不会是另一个微信，肯定是另外的更好玩的应用，它会让用户用掉所有的时间。

生态位的宽度依该物种的适应性而改变，适应性较大的物种占据较宽广的生态位。这句话有一个物理学的表达，来自美团创始人王兴：

太多人关注边界，而不关注核心。你可以把边界理解成万有引力，每一个物体因为质量的存在，它会产生引力，会影响其他所有物质。差别就在于：离核心越远，影响力越小，或者它本身的质量越小，影响力变得越小。

当有人拿格力专注空调，市值超过海尔举例的时候，总会有人拿美的的例子反驳。事实上，美的的业务范围并没有超过它的能力圈。

首先从企业本身的质量看，美的的内部管理能力超出同行，这让它有条件尽可能地扩张自己的边界。其次从生态位的宽度看，美的的业务范围没有超出白电。相比之下，海尔的业务横跨白电和黑电，甚至有地产和物流。春兰也是靠空调起家，但是业务延伸到了金融、地产、汽车等，超出自己生态位的过度扩张拖垮了春兰。事实上，美的也尝试过造车但是失败了。美的创始人何享健反对上线智能手机业务，最大原因是在这个领域美的不掌握核心技术。

品牌的生态位

商业物种的生态位和品牌的生态位有所不同。商业世界的生态位是物理世界中的，关键词是产业链、核心技术、供应链、土地和资本、人才和专利等。品牌的生态位是认知世界中的，关键词是心智、认知、概念、词语、视觉、口碑等。自然物种的生态位存在于自然世界，商业物种的生态位存在于人类社会，品牌的生态位存在于人类的认知中。

以小米为例，小米公司占据的生态位是投资智能家居产业链，这个生态位存在于人类社会的商业世界中。小米手机占据的生态位是线上直销手机，这个生态位存在于顾客的认知中。

以可口可乐为例，可口可乐公司占据的生态位是遍布全球的营销网络和位于亚特兰大的工厂，这个生态位存在于人类社会的商业世界中。可口可乐品牌占据的生态位是畅销世界的饮料品牌，这个生态位存在于顾客的认知中。

以美的为例，美的集团占据的生态位是中国白电制造商（可能还包括智能机器人制造商），这个生态位表现为肉眼可见的工人、工厂、生产线和营销网络。美的品牌占据的生态位是变频空调专家品牌，这个生态位存在于顾客的认知中。

从前面几个例子中可以看出，前一个定位是企业定位，后一个定位是品牌定位，品牌定位从属于企业定位。表 9-2 是一些品牌的定位或生态位。

表 9-2　品牌的定位或生态位

品牌	定位或生态位
乐百氏、娃哈哈	纯净水
康师傅	矿物质水
农夫山泉	天然水
肯德基、麦当劳	汉堡
华莱士	低端汉堡
真功夫	中式快餐
乡村基	川味快餐
老乡鸡	中式社区厨房
正大鸡排	鸡排

生态位的锁死效应

《稀缺》这本书揭示了穷人一直穷的原因：穷人为了应对穷困的生活，形成了相应的认知状态，这种状态让穷人无法摆脱现有的生态位。例如穷人渴望过富人的生活，商人提供给穷人奢侈品，并告诉他们富人就是这样生活的，他们拥有了奢侈品就过上了富人的生活了。于是穷人会过度消费，不惜为此背负债务，更加不可能摆脱现有的生态位。穷人喜欢即刻满足，因为穷苦的生活没有太多快乐，他们更渴望抓住每一个享受的机会。这种心态能够保证他们一直有信心和希望，从而忍受穷苦的生活。

很多穷人在拿到政府的救济金之后，首先不是去买食物和药品，而是买电视机，追求即刻满足的心态让他们无法执行长期规划。

你考一个从业资格证、开一家炸鸡店、发明一种吹风机，都需要反复学习和实验，这是很多人不具备的素质。读完一本书，读完一篇3000字的文章需要耐心，而大多数人更愿意浏览一分钟不到的短视频。如果你站在所处的生态位看，会发现这样的认知也是合理的，因为生活中没有多少快乐，所以要追求即刻满足；因为买奢侈品会让人感到即刻满足，所以会过度消费。

商业社会会合理化这种心态：你要对自己好一点，你值得拥有更好的一切。这种认知都是为了适应所在的生态位，这种认知也让更多的人被锁死在现有的位置上。在企业经营相关的书籍中，也有一本《稀缺》，名字就是《创新者的窘境》。

索尼公司早于苹果公司掌握了数字音乐播放器技术，但是索尼公司的模式就是：你喜欢这首歌，就得买这张唱片。苹果公司的模式则是：你喜欢这首歌，就买一首歌，不用买整张唱片。索尼公司在新技术上陷入了穷人心态：不愿意为未来的机会忍受当下的损失，更喜欢唱片模式的即刻满足。索尼公司的认知，和它所处的生态位完全符合，但是这个认知也把它锁死在现有的生态位上。《创新者的窘境》里列举了很多类似的例子。

生态位跃迁

自然界只能靠淘汰来实现生态位调整，不能适应环境变化和不能应对竞争的物种往往会灭绝。

《创新者的窘境》中提到了一些没有被现有生态位锁死的案例，这些品牌都及时地启动了第二曲线，我们称之为自我进攻、主动进化和分化品类，用新品牌把握新机会。例如亚马逊从线上书店开始，一路启动了线上百货、物流、人工智能等业务。

从商业世界看，生态位跃迁的例子是亚马逊、华为、阿里巴巴，它们都持续地投入新技术，关注世界科技变化的趋势。从认知世界看，生态位跃迁的例子是宝洁、苹果、农夫山泉和通用汽车等，它们有意识地培育多个品类的专家品牌，就像恐龙进化出多种形态。从产品打造看，生态位跃迁的例子是喜茶、字节跳动、映客、元气森林、腾讯等，它们把多个产品放到市场中做测试，重点培育那些能活下来的产品。从每个个体看，生态位跃迁需要保持开放的心态，学习哪怕短期看来无用的知识，建立多元思维模型，这能保证你更早感知到环境变化，在环境变化时及时做出正确的反应。

第三节　品牌演化论

大爆发

在关于品牌演化论，大多数人也有达尔文式的观点：打造品牌需要时间，需要慢慢来，让顾客口碑慢慢传播，品牌就能够创建起来。

如果我们换个角度，会发现现在很多品牌都是爆发式出现的，像完美日记、瓜子二手车、拼多多、小仙炖等都是快速进入了人们的视野。借助资本和移动互联网技术的力量，新品牌用三五年的时间就能在顾客心智中占据优势位置，而这一过程在过去可能需要十几年甚至更久。和寒武纪物种大爆发类似，新技术——尤其是媒体传播技术出现之后，诞生了一大批新的品牌。在广播刚出现的时候，诞生了一批品牌。在电视、杂志、互联网、移动互联网出现后，也是如此。

特劳特专家邓德隆提出大决战的观点，认为创业者要把握时间窗口，在顾客认知中发起大决战，一举占据认知高地。品牌演化不是慢慢来的，不是匀速出现的，而是在一个短促的时间内集中出现的。如果错过了在认知中发起大决战的机会，或者被竞争对手抢占了认知高地，就会在竞争中处于极其被动的局面。例如瓜子二手车在发起大决战之后，就成了二手车直卖网的代名词，甚至成了二手车线上交易的代表。说起直卖网，我们很难想起人人车，它就是错过了大决战机会的品牌。

自私的基因

道金斯在1976年出版《自私的基因》，提出人类是基因的载体。我们追求爱情、权力、财富、名声，本质上都是为了把自己的基因传递下去。看到后代有跟我们类似的生理特征，就感觉到所有的辛苦劳累都值得了。除了生物学上的基因，还有社会学上的文化基因。为了守护文物、传承文化、坚守道义，人类也愿意付出很多代价，甚至献出生命。这就是文化基因存在的证明。

在品牌文化中，最高境界是把品牌和某个文化基因关联起来，让顾客潜意识中产生这种感觉：只要买了这个品牌，我就具备了这个文化基因。例如钻石关联了爱情，为了证明情比金坚，有的顾客就去买钻石；苹果品牌关联了科技和艺术，有的顾客为了表明自己是一个热衷科技创新的人，就会去买苹果手机。还有路易威登关联了旅行，香奈儿关联了女性独立精神，耐克关联了体育精神，奔驰关联了尊贵体验等。爱情、旅行、独立等，都是存在于心智中的文化基因，聪明的品牌关联了这些文化基因。当心智中的文化基因开始躁动的时候，顾客就会去购买这些品牌。

性状趋异

进化生物学家恩斯特·迈尔说："在很多情况下，取得成功仅仅是由于变得与众不同或者更加不同，这样就减少了竞争。达尔文提出性状趋异原则时就清楚地了解这一点，它促进不断变化，但并不一定是进步。"

在品牌中也存在这样的状态。例如都是功能饮料，红牛是金色的矮壮罐子，魔爪是绿色的高瘦罐子，东鹏特饮是塑料大瓶。在饮用水品类，农夫山泉用主色调红色的瓶子装天然水，康师傅用主色调蓝色的瓶子装矿物质水，怡宝用主色调绿色的瓶子装纯净水。在可乐品类，可口可乐用红色的罐子装可乐，百事可乐用蓝色的瓶子装可乐。

如果"性状"趋同，就很危险。例如非常可乐和可口可乐很像，顾客就不会选择非常可乐。王老吉和可口可乐虽然也类似，但是顾客不会认为它们是同一种饮料。和红牛外形类似的其他功能饮料都卖得不好，因为顾客会认为这些是同一类东西，选了红牛就不会选其他品牌。

我们认为打造爆款的关键就是"新"，新趋势、新技术、新品牌、新品类、新产品、新对手。只有足够创新，性状趋异，顾客才会把你当作新物种。

地理隔离

达尔文在距离南美大陆 1000 公里外的加拉帕戈斯群岛上，发现了三种不同的鸟，它们分别生活在三个独立的岛屿上。这三种鸟的祖先来自南美洲，但是它们和南美洲的祖先已经是不同的物种了，它们之间已经出现了生殖隔离，无法共同繁育后代，这是新物种的标志。为什么会出现生殖隔离？演化论的解释是地理隔离。

在漫长的某个时间点，南美洲的几只鸟被狂风吹到加拉帕戈斯群岛上。群岛的环境和南美大陆不同，为了适应新的环境，群岛上的鸟逐渐演化出不同的性状，最终形成了新的物种。

亚马逊在决定做电子阅读器之后，把负责新项目的人从总部西雅图调到硅谷，并且在内部严格保密。这就像贝佐斯吹起了一阵狂风，把新项目团队从南美大陆吹到了南太平洋群岛。为了在群岛和大陆之间形成地理隔离，进而孕育出新物种，他在亚马逊内部对这个项目严格保密。为了让群岛上的物种充分演化，他跟项目负责人说：你的任务就是干掉亚马逊的图书业务。

马化腾说，很多人都知道，柯达是胶片影像业的巨头，但鲜为人知的是，它也是数码相机的发明者。然而，这个为胶片影像业掘出坟墓、让众多企业迅速发展壮大的发明，在柯达却被束之高阁了。为什么？我们认为是组织的僵化。在传统机械型组织里，一个异端的创新，很难获得足够的资源和支持，甚至会因为与组织过去的战略、优势相冲突而被排斥，因为企业追求精准、可控和可预期，很多创新难以找到生存空间。

微信团队在广州，腾讯总部在深圳。和微信团队同时起步，深圳也有几个团队在做即时通信的业务，但是受到了总部无线事业部的限制。因为即时通信业务会影响无线事业部的收入，就像数码相机业务会影响胶卷业务，电子音乐业务会侵占唱片业务。在原有的地理区域里，很难产生新物种。

如果打造新品牌，最好进行地理隔离，启动专门团队来做。例如步步高集团的 vivo 手机和 OPPO 手机，渠道类似、价格接近，为何还要用两个品牌、让两个团队来做？这个隔离是认知中的。两个手机品牌常常并排开店，但是在顾客头脑中是两个不同的品牌。

生态位

生态位的概念比较好理解，在森林里，不同空间有不同的物种，在树冠上生活的物种和在草丛中生活的物种领地互不侵犯。在海洋里，不同深度也有不同的鱼类。

在智能手机行业，苹果手机占据了最优的位置，华为手机从拍照功能切入，切割了苹果手机的市场。小米手机用互联网渠道节省了营销费用和渠道费用，制造高性价比的产品。vivo 手机和 OPPO 手机则专注三线市场的线下渠道，靠销量支撑起低价产品。

品牌生态位和以上两者类似，但又有巨大的不同。类似是指品牌也有生态位，也要占据一个位置。巨大的不同是指，品牌的生态位不存在于物理世界，而是存在于顾客认知中。

《硅谷百年史》认为，硅谷成功的秘诀之一是擅长打造全球性的品牌，每一个被全世界顾客认可的品牌，都有很多追随者。追随者多了，成功率也就高了。乔布斯、马斯克、扎克伯格，他们是出色的创业者，也是成功的媒体人。他们都非常擅长赢得人们的关注，常常产品还没有真正出现，顾客就已经在讨论这些新产品。

只要产品在顾客认知中占据了一个生态位，那么物理世界中的顾客就会帮助你在现实世界中创造出一个"真实的"生态位。

随机性

在演化论提出之前，人们一般认为物种演化是有规律的，其背后有一只看不见的手在起作用。推广演化论之后，人们觉得演化是随机的，没有什么规律可言。演化的基本原则是物种变异，物种呈现多种形态互相竞争，然后最能适应环境变化的物种生存下来。

物种演化充满了随机性。完美日记、元气森林、字节跳动都有一个共同的策略：产品快速迭代，同时推出多种产品，看哪个受到欢迎就给哪个投入资源。和抖音同时出现的产品，还有火山小视频、西瓜视频。值点、新草、懂车帝、悟空问答等产品也是同时推出的。

元气森林内部有轻食、饮料、白酒和餐饮事业部，上市的产品只占全部产品的 5%。更多的产品还在测试中，元气森林也不知道顾客会选择哪个产品，但是它给每个产品足够的支持，让它们进入生态选择中。

元气森林用互联网的管理模式赋能实体产品，管理成本更低，反馈更快速。例如很多饮料同行还在用纸质材料办公，或者用互联网收集经销商材料，元气森林已经用系统办公了，申请活动只需要 3 个小时。在顾客调研、口味测试、产品测试、顾客触达等方面，元气森林也全面采用互联网公司的模式，反应速度远远高于同行。

品牌很重要，更重要的是能够持续打造出品牌的组织能力。

完美日记这些公司让商业产品像自然物种一样，在不确定的环境里充分演化。

边缘突破

在汽车行业，美国底特律垄断了汽车制造行业，与底特律正面竞争的企业都失败了。最后击败底特律的本田汽车，是从摩托车行业进入汽车行业的。

凯文·凯利认为，最具颠覆性的竞争都来自边缘。最具颠覆性的竞争来源于边缘而非中心，因为边缘是不被看好的市场，利润低、不稳定、未经验证、市场狭小、风险系数极高，没人愿意处于那样的境地。创业公司却不得不进入这样的市场，因为这就是它们开始的地方。创业公司从边缘而非中心位置开始，却可以逐步击败那些老家伙。

《创新者的窘境》里有这样一句话：真正决定企业未来发展方向的是市场价值网，而非管理者；真正主导企业发展进程的是机构以外的力量，而非机构内部的管理者。这个外部的价值网，常常是在边缘区域出现的。从边缘突破的新物种，不可能按照主流区域的规矩来，那样的话失败率会很高。

定位理论认为侧翼战是最常见的战术形式，在一个行业中，头部品牌打防御战，中间品牌打进攻战，其他品牌打侧翼战。侧翼战的原则就是在远离领导者视野的市场里，选择一个细分市场快速建立根据地。

基因缺失

长时间不用的一些基因消失了，就是基因缺失。之所以用不上，是因为物种之间有合作。在生物学家看来，保留所有基因的目的是独立生存，但是独立生存的成本是很高的，物种之间合作共同生存更合理。例如珊瑚虫能聚合生长为珊瑚礁，珊瑚礁减缓了洋流的冲击力，很多生物就躲在珊瑚礁里生存，同时也给珊瑚虫提供了食物来源。

物种之间的最佳关系，是找到各自的生态位，相互合作生存。现代社会的每个个体都不是独立生存的，自然界也没有独自生存的物种。

在人类社会，企业总有一种冲动想要建立一个独立王国。如春兰集团涉足空调、地产、汽车、金融等，乐视公司涉足视频网站、电视、手机、体育、汽车等。过度延伸的业务范围，极度透支了企业的管理能力。合理的做法是像通用电气那样，只做数一数二的业务，或者像美的集团那样，只在能力范围之内攻城略地。

宽松环境

宽松的环境更有利于创新。研究发现，处于食物充足环境中的鸟类更愿意飞向陌生的区域，正是这些乐于探索的鸟为鸟群带来新的领地。如果生存压力很大，物种的精力都用于生存，没有精力做其他事情。

改革开放之初，我国鼓励优秀人才下海创业，目的就是创造一个宽松的商业环境。

2021年11月19日，在与微软董事长兼CEO萨提亚·纳德拉对谈时，沈南鹏提到扁平化管理，"企业需要构建灵活的组织、扁平的架构来促进创新活力，支持创新不仅自上而下产生，更能自下而上激发。这类企业往往能够成长为卓越的企业，做出优秀的产品"。在红杉中国，员工名单的排列顺序不是按照职位高低来的，而是按照姓氏拼音。沈南鹏的名字并不是排在第一个。这种设计的目的是搭建一个宽松的环境。

在品牌战略的策略中，我们认为一个重要的原则是战术决定战略、战略推动战术。战术是自下而上地涌现出来的，那么保证有效战术能够涌现出来的机制，就必须是扁平化管理的，是鼓励个人创新能力的。

定位理论认为战术决定战略，要创造宽松的环境，让有效战术涌现出来。例如，预防上火的饮料这个有效战术就来自对一线市场的洞察，王老吉将之升级为战略之后获得了巨大的成功。在可口可乐公司，曾经出现过姜味可乐的有效战术。为了打消顾客在冬天喝可乐的顾虑，一线工作人员在餐饮渠道用可乐煮姜片，告诉顾客姜味可乐可以预防感冒。但是姜味可乐并没有被升级为战略。

以下是我们总结的演化论对打造品牌的9个启发，分别是：

1）大爆发决定了品牌要在认知中发动大决战。

2）自私的基因启发品牌要在认知中关联一个文化基因。

3）性状趋异原则要求品牌在产品设计上体现差异化。

4）地理隔离原则要求开创新品牌之前要进行认知隔离。

5）物种生态位原则启发品牌要在顾客认知中占据一个有利位置。

6）随机性原则让企业明白，没有谁能一举成功，最好的方式是建立及时反馈的机制，拥抱变化。

7）边缘突破原则，建议新品牌不要在大公司的优势战场正面竞争，最好从它们忽视的边缘区域切入侧翼战。

8）基因缺失原则，启发品牌不要做太多，尽量启动专家品牌。

9）宽松环境更有利于创新，用战术决定战略。

品牌作为商业世界的物种，同样遵循演化论的规律（见表9-3）。

表9-3 演化论对品牌打造的启发

演化论	品牌打造的启发
大爆发	认知大决战
自私的基因	关联一个文化基因
性状趋异	产品设计差异化
地理隔离	认知隔离
物种生态位	认知生态位
随机性	拥抱变化
边缘突破	侧翼战
基因缺失	专家品牌
宽松环境	战术决定战略

第四节　品牌需求层次

品牌为人类需求服务

品牌需求层次理论来自马斯洛需求层次理论。品牌是品类和特性的代表，品类和特性的本质是心智对事物存在的功能性命名。品牌为人类需求服务，而人类的需求是分层次的，在不同的需求层次上，品牌要完成不同的任务。这个需求层次是有顺序的，品牌要从基层需求做起（见图9-2）。

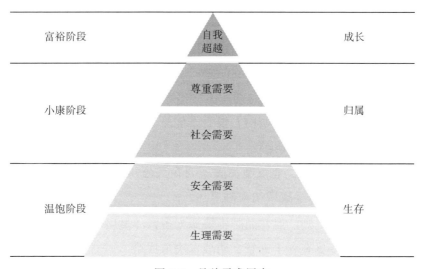

图 9-2　品牌需求层次

需求层次理论有几个特点：不同人群的需求侧重不同，高层需求以基层需求为基础，基层需求满足后要升级到更高层需求。从需求层次理论出发，我们可以发现一种常见的错误：用高层的品牌属性满足基层的需求，即强调产品的情感属性、彰显属性，而忽略了顾客最应被满足的需要：产品过硬、功能强大。

有人认为小罐茶是礼品定位，其实是忽略了小罐茶在品牌化、标准化、工业化上的价值，认为小罐茶只是包装新颖，于是模仿人家研发包装。还有一些品牌定位礼品酒、宴会酒、礼宾酒，意识不到这些是品牌成功后的结果，而不是品牌成功的原因。这种错误本质上还是内部思维所致。

基层需求满足后要升级品牌属性，不能停止在当前状态。一方面，只有升级到更高层需求——情感需求、彰显需求、自我实现——才会有更高的品牌溢价；另一方面，如果竞争对手在升级，而你仍然只能满足基层需求，就会在竞争中处于劣势。

先明确定位，再操作品牌形象

定位要先解决基层需求，如困了累了喝红牛、经常用脑多喝六个核桃等。王老吉在定位咨询中，首先否定了打造"美好家庭 幸福相伴"的品牌形象，因为情感诉求是基本需求满足之后的阶段。

可口可乐刚出现的时候，宣称是"提神不伤脑"的饮料，因为当时的主流饮料都含有酒精。可口可乐成功之后，可以有各种花样的营销动作，但那是在它销量领先之后的特权。就像王老吉在年销售额超过120亿元之后，开始了"民族饮料第一罐"的品牌形象定位。当时它的罐装饮料销量超过了可口可乐的罐装销量。

1996年，段永平在央视黄金时段广告的竞标会上用8000多万元拿下了天气预报后五秒的广告时间，花光了步步高账面上的钱。给你价值8000万元的5秒向全国人民说句话，你会说什么？段永平的答案是：800元买电脑，免费学电脑，步步高学生电脑。简单、直接、有效。先解决性价比的问题，再解决安全感和功能性的问题。

品牌最常见的错误，是在没成功之前就做成功者的事情。如果我们复盘耐克、安德玛、飘柔、农夫山泉的品牌策略，会发现它们的路径非常清晰，首先是明确的品牌定位，然后是品牌形象操作，其品牌形象也是沿着品牌定位的路径走的。

品牌形象论超越了独特销售主张

独特销售主张诞生于供不应求的产品时代。当时，新的技术、新的产品被源源不断地创造出来，但依然不能满足顾客旺盛的消费需求。当时的广告业只要能够挖掘出产品的独特卖点就可以说服顾客购买。比如朵芙香皂的独特卖点是内含润肤乳可以滋润皮肤，乐百氏的独特卖点是27层净化，白加黑的独特卖点是"白天吃白片不瞌睡，晚上吃黑片睡得香"。

社会在进步，需求也在升级，产品自身功能已经不能满足新一代的顾客了，他们还要更多的感性满足和精神满足。品牌形象论的提出者大卫·奥格威，从威士忌、香烟、啤酒等同质化极为严重的商品中得到启示，指出了品牌形象论的基本要点：

广告最主要的目标是为塑造品牌服务，广告就是要力图使品牌具有并且维持一个高知名度的品牌形象。

任何一个广告都是对品牌的长期投资，广告应该尽力去维护一个好的品牌形象，而不惜牺牲追求短期效益的诉求重点。

随着同类产品的差异性减小，品牌之间的同质性增大，顾客选择品牌时所运用的理性就越少，因此描绘品牌的形象要比强调产品的具体功能特性重要得多。

顾客购买时追求的是"实质利益＋心理利益"，对某些消费群体来说，广告尤其应该重视如何运用形象来满足其心理的需求。

品牌形象论解决的是产品同质化的问题，大家都卖罐头，罐头和罐头在品质上没什么区别，顾客为什么要选你呢？塑造品牌形象可以解决这个问题。大家都卖罐头，我的罐头上有一个家庭主妇的漂亮头像，好像美味的罐头由她制作一样，顾客就会倾向于选择我的罐头。大家都卖香烟，我的香烟上有个粗犷的牛仔形象，顾客会觉得男人就应该这个样子，于是就会选择我。

当两个品牌的独特卖点十分相似时，塑造独特的品牌形象就解决了"相似"的问题，提供了新的独特卖点。

困扰独特销售主张的问题，同样也在困扰品牌形象论：你有一个形象，我也有一个形象，我们不还是一样吗？还有新的问题是：市场领导者的形象已经足够强大了，后来者如何在领导者的垄断之下获得机会？使用一个更好的形象吗？无效。因为领导者会马上模仿你的形象，改进自己的产品，用渠道优势和资金优势碾压你。

定位理论超越了品牌形象论

定位理论解决了前面提出的问题，所以定位理论超越了品牌形象论。定位理论的办法是：把注意力从企业实力对比转向顾客心智上，从顾客心智中寻找机会。如果不能在原来的领域中做到第一，那就在一个新的领域中做到第一。例如在可乐市场，可口可乐已经是第一品牌了，别的品牌形象再好也不可能撼动其地位。但是百事可乐开辟了年轻的可乐这个新的领域，成为这个领域中的第一。

品牌形象论超越了独特销售主张，定位理论超越了品牌形象论。能够超越，是因为新的理论威力更大。举个例子，顾客在选择饮用水的时候，首先会觉得纯净水是干净的，但是面对娃哈哈和乐百氏，又会觉得娃哈哈除了干净还有年轻时尚的感觉。干净又时尚，这就是品牌形象论对独特销售主张的超越。但是农夫山泉告诉顾客，纯净水缺乏矿物质，应该喝天然含有矿物质的天然水。这个时候顾客就会转而选择天然水。这就是定位理论对品牌形象论的超越。

耐克的发展历史类似，先是打造专业跑鞋，然后宣扬"Just do it"的体育精神，塑造品牌形象，在面临众多竞争品牌的环境下竭力打造自己"最专业运动装备"的定位，定位理论超越了品牌形象论。

定位之后做什么

认为有了定位就可以不顾品牌形象了，是一种错误的观念。品牌形象赋予产品感性价值，是品牌溢价的重要方法。奢侈品最擅长打造品牌形象，一件奢侈品的售价中，其精神价值和感性价值的占比超过了一半，甚至更多。售价 10 000 元的奢侈品箱包，品牌标志所产生的溢价可能占到 8000 元甚至更多。

农夫山泉在占据了天然水的定位之后，没有停止对品牌形象的打造。它邀请大牌纪录片导演到水源地拍摄，联合故宫出品故宫瓶，联合网易云音乐打造台词瓶等，都是对品牌形象的塑造。一个有意义的、倡导某种价值观的品牌，更容易被潜在顾客接受，也会让品牌的营销行为变得更加简单。

人类是极度缺乏安全感的动物，尤其是个体更加需要外部世界给他一个确定的使命和信仰对象，否则很容易因为感到迷茫、慌乱而不知所措。

甲壳虫原本是和主流文化冲突的品牌。20 世纪 60 年代正是美国国力强盛的时期，当时的消费文化就是重视身份地位，不惜过度消费，几乎人人都有信用卡。因为相信未来会更好，所以人们觉得当下的消费可以在未来赚回来。甲壳虫采用这样一种设计：小巧可爱、省油便捷、轻松时尚。说不上来它是美还是丑，但是足够特别，与主流价值观并不相同。这样一来，甲壳虫就成了年轻人对抗主流价值观的道具。他们开大型车，我们就开小巧轻松的甲壳虫。甲壳虫巧妙地把自己的产品特点和一部分潜在顾客的心理诉求结合在一起，成为他们表达生活态度和价值观的一部分。完成价值观塑造的甲壳虫，在潜在顾客的认知中占据了一个空位。

不同于奥美的观点

《不同于奥美的观点》出版于 2002 年，可能是中国极早专门介绍定位理论的书。当时不论是企业家还是广告人，都追捧奥美广告的思想，认为打造品牌形象是最重要的事情。《不同于奥美的观点》认为在打造品牌形象之前要确立定位，而不是越过定位这个前提进行品牌形象塑造。品牌形象塑造，是品牌获得初步成功之后的事情，初步的成功靠准确定位。品牌成功的第一步，是为社会解决一个问题，为顾客提供一个解决方案。

在社会大众只知有品牌形象论不知有定位理论，只知有奥格威不知有特劳特和艾·里斯的认知现实下，以不同于奥美的观点为核心推出定位理论是一个合理的做法。《不同于奥美的观点》重新定位奥美为不了解中国市场的广告公司。事实上，大多数国外广告公司也的确没有深入了解中国的现实。从根本上说，西方咨询案例和品牌思想诞生的环境和中国差异很大，这也就决定了它们的观点并不完全适用于中国企业。

《不同于奥美的观点》认为国外成熟品牌可以倚靠品牌广告，那是因为它们足够强大。第一，它们有足够的资源和资本，可以从容地投放大规模的计划性广告。第二，它们有良好的品牌基础，可以更注重于总体形象的推广，顺势解决许多问题，这比将推广费用分散于专门性、局部性的宣传要合算得多。第三，对大品牌来说品牌已经成熟，最关心的是成功的品牌形象塑造是否会受到冲击和干扰，因而会简化广告操作，力保推广统一，这是一种品牌管理上的必需。还有一个更重要的原因：知名的国外品牌已经完成了定位的工作，可以根据定位做品牌形象了，例如海飞丝定位去屑，那么它的品牌形象就要依据去屑的定位展开。许多中小企业并不具备这样的条件，这个时候盲目模仿成熟品牌的做法是很危险的。

一旦确立了定位，就要及时打造品牌形象，塑造品牌的精神价值，否则新一代的顾客会把你当作上个时代的品牌而转身投入新品牌的怀抱。例如，耐克在打造出爆款跑鞋之后，及时塑造了自己专业运动品牌的形象，聚焦资源宣传"Just do it"的体育精神。可口可乐在成为主流饮料之后，也开始塑造自己的品牌形象。

第五节　品牌阶梯

解决方案

德鲁克说，企业是社会的器官。企业能够存在的根本原因，就是为社会解决了某个问题。解决一个小的社会问题，就是一家小企业；解决一个大的社会问题，就是一家大企业；持续一百年为社会解决问题，就是百年企业。

企业解决社会问题的基本单位，是品牌。品牌能够存在的根本原因也是为社会解决问题。太多创业者被梦想、愿景、价值观这些概念迷惑，偏离了根本的出发点。我们从这个逻辑出发看阿里巴巴的企业生长路线：一开始阿里巴巴的存在是为了解决企业与企业之间的交易问题，后来它发现企业与顾客之间的交易问题也需要解决，于是有了淘宝。淘宝的线上交易模式存在风险问题，因为买卖双方之间缺少信任，于是有了支付宝。淘宝上的商品太杂，品质参差不齐，一部分高收入群体需要高品质的交易平台，于是有了淘宝商城，后改名为天猫。

阿里巴巴继续发现社会问题：一部分商家需要贷款，于是阿里巴巴推出了金融服务品牌蚂蚁金服。问题都解决了吗？并没有。线上交易还需要物流服务，于是有了菜鸟。淘宝平台上有很多优秀的商家，值得投资帮助它们成长，于是有了平头哥投资……天猫超市、飞猪等品牌都是在这个逻辑下出现的。

品牌存在的起点，是社会某个问题的解决方案。一个品牌只能解决一个社会问题，不能是多个社会问题的解决方案。阿里巴巴的品牌策略是正确的示范，用飞猪解决旅行问题，用菜鸟解决物流问题，用支付宝解决支付问题，而不是用淘宝品牌解决所有问题。

信任保障

商标（Brand）的原始意义就是烙印在动物身体上的标记。在早期的人类交易中，牲畜交易是最常见的。牲畜交易有很大的不确定性，今天购买的牲畜明天可能就病倒了，如果找卖家理论，又没办法证明是从卖家这里卖出去的。于是烙印标记开始盛行。

品牌的另一个起源来自欧洲的骑士传统。欧洲大陆上曾经小国林立，每个国家都有自己的骑士，盔甲把骑士包裹起来，看不见脸自然没办法分清是敌是友，于是人们在盾牌上刻画不同的符号，通过盾牌互相识别。骑士随着时代消失了，盾牌符号作为骑士精神的一部分被传承了下来，从单纯的识别功能，到成为贵族的象征。

品牌的第二层价值是信任保障。它降低了潜在顾客的选择成本和企业的传播成本，因为良好的信誉带来的口碑传播，进一步降低了社会的监督成本，那些没有建立品牌的产品将面临顾客流失。

社交货币

品牌的第三层价值，是潜在顾客进入某个人群甚至某一阶层的社交货币。人类是群体动物，很难完全脱离社交。选择同一个品牌的顾客，会因为相同的选择而相互认同，形成一个相对稳定的社交关系。社交货币的另一种体现，是品牌成为礼物，如小罐茶、六个核桃、脑白金等都是礼品首选，礼品当然也是社交货币。

价值标签

品牌的第四层价值是成为价值标签。曾有客户送笔者一个茶饼，为了让笔者了解茶饼的价值，他说曾用这个品牌的茶饼换过一箱茅台。茅台在这里就是价值标签。一桌菜我们很难判断其价值，但是通过桌上的茅台则可以确定大致范围。

判断品牌能否成为价值标签，就看潜在顾客是否把它当作自身价值的呈现。拼多多曾经补贴用户 2 万元买特斯拉，但是特斯拉却拒绝交货。

因为拼多多想用特斯拉提高自己的价值，而特斯拉不想被拼多多拉低价值。

拼多多补贴销售的品牌，如苹果、茅台、SK-Ⅱ，都是可以称为价值标签的品牌。没有成为价值标签的品牌要给平台交流量费，成为价值标签的品牌不仅可以降低推广费用，而且可以得到补贴。线下场景也是如此。一个商场如果没有星巴克、海底捞、肯德基，有的潜在顾客就会觉得这个商场没有档次。商场为了塑造自己的价值，则会给予这些品牌低租金甚至免租金的优惠。

如果分析一下海底捞的财务报告，你会发现它的房租成本仅占总成本的10%，而餐饮行业的房租成本一般是总成本的25%—33%。仅仅是品牌效应带来的房租减免，就为海底捞节省了至少15%的成本。更有意思的是，根据2022年的财务数据，海底捞的利润率不足10%。也就是说，海底捞在靠品牌效应赚钱。如果换一个品牌，提供同样的产品和服务，将难以生存，海底捞就是用这种方式防范潜在的竞争对手。星巴克也类似，其利润约等于品牌效应带来的房租减免。

身份象征

价值标签的升级就是身份象征。通用汽车把自己的品牌分为四个档次，从高到低分别是：凯迪拉克、通用、雪佛兰、宝骏。这种设计的用意很明显，就是让潜在顾客一步步爬升：当你买得起雪佛兰的时候，有通用在前面等着你；当你买得起通用的时候，有凯迪拉克在前面等着你。不同的汽车品牌象征着不同的身份等级。

iPhone的流行，让它成为潜在顾客的身份象征，在部分人眼里，没有一台新款iPhone就是落伍的表现。8848手机定位高端商务人群，虽然在网上被群嘲，但是销量还不错。因为它的目标顾客是那些不想和普通大众用同一款手机的人，这些人想要一款属于自己的手机，用以区分消费习惯。

品牌在成为一种象征之后，还要警惕不要被降级，所以一些奢侈品牌宁肯销毁过季产品也不愿打折销售。如果过多的顾客使用自己的产品，那么追求更高品质的用户就不会买了。所以奢侈品有一个营销逻辑：当你特别想要得到这个品牌的产品的时候，它就要离你远一点；当你不把这个品牌放在心上的时候，它就要离你近一点。

为了保持品牌的价值感，它们几乎不打折销售。为了降低竞争对手的品牌价值感，它们甚至会赞助低收入人群使用竞争对手的产品。顾客越想得到这些品牌的产品，它们就越警惕这部分顾客。这些都是品牌为了维护自己身份象征的作用。

精神寄托

在商业世界，品牌的终极成功就是成为信仰的替代物，成为潜在顾客的精神寄托。

一些人为了买最新款的手机彻夜排队，买到手后就欣喜若狂。这些人对品牌表现得过度狂热，几乎完全丧失了自我，把外在的品牌当作精神寄托。从心理健康来看，这显然是病态的。从品牌塑造来看，这是极致的成功。

如图 9-3 所示，品牌阶梯模型就像是为品牌准备的梯子，品牌需要一层层爬上去。品牌不能越过低层阶梯直接跨入高层阶梯，要先爬上"解决方案""信任保障"的阶梯，才能继续爬下一层阶梯。上一层的阶梯可以包含下一层的，反过来则不行。成为精神寄托的品牌可以是身份象征和价值标签，也可以是信任保障和解决方案，各种奢侈品品牌就是这样。

从企业内部看，品牌要沿着品牌阶梯逐渐满足顾客需求；从企业外部看，品牌要成为顾客的解决方案、信任保障直至精神寄托。

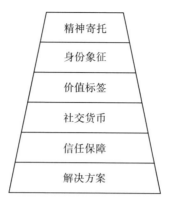

图 9-3　品牌阶梯模型

第六节　品牌势能

品牌需要不断注入势能

如果什么都不做，品牌就会趋于消亡。物理学的熵增原理同样适用于商业领域，这是品牌需要不断注入势能的根本原因。宝洁旗下的品牌已经被新一代顾客当作父母那代人的选择，可口可乐和耐克即使已经是世界一线品牌，也不敢停下品牌创新的脚步。

品牌需要不断注入势能的第二个原因，是品牌要不断开创新的消费场景，做大品类需求。耐克的成功之处就是把运动装备变成了时尚装备，一开始耐克只是运动专业服装和跑鞋品牌，但是慢慢地成为所有场合都可以穿的时尚品牌。王老吉最初只是广东地区一种近似保健品的饮料，现在则是全国范围内的饮料品牌。这就是不断注入品牌势能的成果。如图 9-4 所示，品牌势能并不是以一条斜线自然向上延伸，而是有平稳期（如图 9-4 中 B、D、F 阶段）和上升期（如图 9-4 中 A、C、E 阶段）的。

王老吉注入品牌势能的第一步（A 阶段）是从凉茶品类转换到饮料

品类。它在广告中并没有强化凉茶的概念，而是强调这是一款可以预防上火的饮料，这让它的竞争对手从黄振龙凉茶、邓老凉茶变成了可乐等汽水，后者的市场容量远远高于前者。

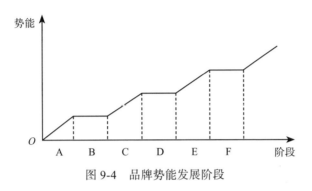

图 9-4　品牌势能发展阶段

王老吉注入品牌势能的第二步（C 阶段）是获得高级信任状。王老吉联合其他凉茶品牌共同申报将凉茶列为国家级非物质文化遗产，并确立了自己的优势位置。这是为了降低顾客的不安全感，让他们相信王老吉是值得信任的品牌。

王老吉的第三步（E 阶段）是选择高势能的市场和人群。凉茶是流行于广东地区的饮料，在走向全国的过程中，首选上海、北京等一线城市，因为产品在高势能市场的畅销会带动二三线城市的销售。

高势能人群是指专业顾客，他们的决策也会带动其他人购买。如耐克选择运动员作为第一批顾客，徕卡相机选择专业摄影师作为第一批顾客，露露乐蒙选择瑜伽教练作为第一批顾客，都是这个原因。王老吉选择了餐饮渠道中的火锅消费人群，相比一般顾客他们消费能力高，也比较注重预防上火的问题（火锅以辣味为主，容易引起上火），他们的消费习惯也会带动其他人。

王老吉的第四步是注入热销概念、持续投入广告。一旦顾客认知中产生"品牌最近见不到了，是不是不行了"的念头，对品牌塑造来说就会非常危险。及时传递热销概念更能引导顾客的从众效应，打消他们对品牌的顾虑：既然这么畅销，说明很多人已经体验过了，应该是没问题的。

王老吉的第五步是做大品类需求，在空间（不只是餐饮门店，也可以是公司和家庭）和时间（不只是吃饭的时候，也可以是出游、看球、聚会的时候；不只是夏季，也可以是冬季）上展示更广泛的消费场景，引导顾客在尽可能多的场景下饮用产品。

不断为品牌注入势能，是一件长期的工作，也可以说是一件永久的工作，要持续到品类自然消亡才能结束。例如通信手机的品类萎缩后，诺基亚给非智能手机注入势能的工作才能结束。

品牌势能需要聚焦

第一是品类聚焦。品类聚焦首先应减少品牌延伸，其次应代言并做大品类。加多宝集团也有绿茶、红茶产品，之前租赁了广药集团的王老吉品牌，获得了凉茶产品的许可权。也就是说，租赁协议规定王老吉只能是凉茶，这限制了王老吉的品牌延伸行为。当然它的咨询公司也反对品牌延伸，但是如果没有协议的规定，品牌延伸的行为很难说是否会出现。

顾客一般购买的是品类，而不是品牌，品牌只能成为品类的代表，这是我们反对品牌延伸的根本原因。如果顾客会无条件为品牌买单，那么茅台啤酒也可以成为啤酒里的茅台。

品牌在成为品类的代表之后，就要代言并做大这个品类。体现在物理层面，就是积累这一品类的技术、人才、渠道，在硬件储备上领先全行业，建立竞争对手难以逾越的品牌护城河。体现在认知层面，就是把企业优势转化为顾客能够理解的概念，在认知中占据领先地位。

第二是品项聚焦。品项聚焦的原因是尊重顾客的认知习惯，坚持一个产品外形能够降低他们的记忆难度。

可口可乐一直坚持弧线瓶，甚至在推出罐装产品之后，还是在罐体上保留了弧线瓶的形象。王老吉也是如此，在品牌初期，进入顾客心智、成为他们的第一选择是最重要的，企业的盈利需求甚至都要为此让步。

第三是渠道聚焦。渠道聚焦一方面是为了高效利用企业资源，另一方面是为了避免风尚化发展。品牌或多或少都有不喜欢它的消费群体存在，如果品牌发展过快，负面评价难免会集中出现。江小白在发展初期就遇到了这样的问题：一些不习惯其口味的顾客说江小白不好喝，进而认为江小白是靠营销而非产品成功的。

可口可乐如何保持品牌势能

和王老吉一样，可口可乐的第一步也是品类升维，从狭窄的品类（药水）升级到宽阔的赛道（饮料）。圣诞老人在我们的印象里，是一个穿红衣服的白胡子胖老头，可是在1931年之前，他不是这个样子，圣诞老人有时候胖，有时候瘦，有时候穿绿衣服，有时候穿蓝衣服。

1931年正值美国经济衰退的大萧条时期，工厂倒闭，工人找不到工作，全民精神苦闷。这个时候，可口可乐把圣诞老人的形象设计成一个乐观的胖老头，然后在所有可口可乐出现的地方打广告，给人们输出一种乐观、富足和幸福的感觉。红色的圣诞老人，红色的可口可乐，慈祥的笑容，乐观的前景。这一切都鼓舞了身处经济低潮的人们，同时可口可乐也成为美好前景的象征。

1939年第二次世界大战爆发，糖被列为战略物资限制使用，这对依赖糖这种原材料的可乐来说是灭顶之灾。但可口可乐凭借此前积累的良好口碑，因其美好的象征意义解决了生产端的危机。可口可乐的营销手法繁多，重要的是它一直让品牌与积极的情绪相关联。

农夫山泉如何保持品牌势能

品牌打造势能的第一步，就是明确品类归属，农夫山泉也不例外。诞生之初它就明确了自己的品类：天然水。即使当时市面上最畅销的是纯净水，农夫山泉只要跟随这个趋势就能赚钱。但是它很清楚一点：跟随领导者无法凸显自己的品牌，只有另辟赛道，才能弯道超车。

为了让顾客了解天然水的优点，农夫山泉做了很多堪称经典的推广动作，最有效的是用纯净水和天然水做植物实验。通过对比两种不同的水培育下的植物生长情况，顾客很直观地感受到了天然水的优势。还有一个令人印象深刻的是"弱碱水更健康"的公关活动。

农夫山泉出品的高端玻璃瓶装产品，号称只送不卖。它存在的主要目的是引起关注，我们称之为形象产品。只要顾客认为玻璃瓶里装的水有高端的感觉，农夫山泉就成功了。

农夫山泉推出和网易云音乐的联名款，正赶上网易云音乐的催泪文案上了热搜。网易云音乐把用户的评论筛选出来，做成广告投放在杭州地铁上，再配合一波社交媒体的投放，成功引爆舆论，农夫山泉借热度抬高了自己的品牌势能。出色的文案能够引起用户的传播和讨论，江小白很显然也精于此道。农夫山泉一定是尝到了甜头，在和故宫文化服务中心的联名中，它也没有停留在外观层面，而是创作了独特的文案（见图 9-5）。

图 9-5　农夫山泉与故宫文化服务中心联名

农夫山泉的品牌操作明确地体现出了选择原点渠道、坚持品类聚焦、打造独特品项、减少品牌延伸、代言并做大品类等品牌定位策略。

东阿阿胶如何保持品牌势能

普通的阿胶最便宜的时候卖到 90 元一斤,东阿阿胶 2019 年却涨到 2700 元一斤。为何东阿阿胶涨价后仍受到消费者的喜爱,别的品牌却不行?涨价只是结果,原因则是品牌势能的提升。成功的品牌路径都是相似的,失败的品牌则各有不同。东阿阿胶、王老吉、农夫山泉、可口可乐等品牌的第一步都是明确了自己的品类。

东阿阿胶的关键一步是将品类归属从补血转换到滋补。这一点看似平平无奇,却是最关键的一步。在补血需求已经萎缩的前提下,再多的努力也是事倍功半。然后就是聚焦。东阿阿胶曾经旗下业务众多,甚至有医药器材、啤酒等几百项业务,直至聚焦阿胶之后,它才迎来爆发式的增长。东阿阿胶董事长甚至认为聚焦就是战略,虽然我们并不完全认同,但是聚焦的战术价值是毫无疑问的。

如果把王老吉的有效战术拿出来,再看看东阿阿胶的品牌历程,会发现有太多类似之处。这不奇怪,虽然凉茶和阿胶不是一个行业,但是品牌要抓住顾客需求是一样的。品牌势能是针对顾客做的事,而不是针对产品做的事。

正如前面那句话:成功的品牌都是相似的。转换赛道、聚焦资源,看起来都是平平无奇的战术,但是能做到的品牌却不多,因为人生性喜爱囤积、喜爱增加,而厌恶损失、厌恶删减,让一个企业家砍掉正在盈利的项目怎么会是件容易的事呢?

关于广告植入,这里需要提醒的是,很多人只是把植入当作了广告,没有意识到这是积累品牌势能的必要部分。企业只有把广告和公关视为品牌资产,才会舍得在这上面花钱。如果企业什么都不做,品牌势能就会随着时间推移而耗散。所以企业要持续地为品牌注入势能。

第七节 文化偶像

品牌要介于主流文化和亚文化之间,成为二者沟通的载体,并且成为主流文化或者亚文化的代表,即文化偶像(见图9-6)。

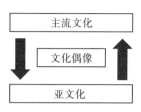

图9-6 文化偶像模型

在品牌阶梯模型中,最高一层阶梯是精神寄托。但是如何成为精神寄托?

品牌阶梯模型大致可以分为两段。第一段是从解决方案到社交货币,这一段要通过产品的畅销来实现,你要畅销才能被顾客发现并当作礼品。实现畅销的核心是强调功能性价值、销量领先、获奖或者取得技术突破等。第二段是从价值标签到精神寄托,则需要强调精神价值。这个精神价值必须是和产品特性一致的。我们给吉利的定位建议是"民族汽车代表品牌",支撑这个定位的畅销信息是累计销量超过1100万辆,是自主品牌销量第一。当然还有收购沃尔沃、代表中国汽车参与世界汽车产品标准制定等。

那么如何从产品特性升级到精神价值?实体产品和认知产品如何协同?如何从一个关于出行方式的解决方案一步步升级为用户的精神寄托?

我们挖掘了吉利的奋斗故事:吉利从两个沙发四个轮子开始造车,一路走来成为自主品牌销量第一,直至收购沃尔沃,其逆袭的全过程,是整个民族奋斗的缩影。中国制造业的奋斗、吉利的奋斗、李书福的奋斗和每一个不甘平凡的人的奋斗,在精神内核上是一致的。吉利能从1辆车做到1100万辆,从地方走上世界舞台,那么每一名吉利的车主也可以,每一个普通的中国人也可以。

正是在这个意义上,我们提出"民族汽车代表品牌"的定位。当吉利能够代表民族汽车获得市场认可和竞争力的时候,就是它成为全民文化偶像的时候。事实上,当吉利意识到并承担起这个使命的时候,它就已经走在文化引领者的路上了。1100万名车主就是吉利的精神赞助人,虽然放在14亿人中并不多,但是星星之火,可以燎原。从解决方案、信任保障一直到精神寄托,其中的内核是不变的。

把品牌打造为文化偶像,其中的心法是链接时代的潮流,并助推这个潮流,最终成为时代潮流的一部分。文化偶像处在主流文化和亚文化中间,要么成为主流文化的代表,要么成为亚文化的代表。

如果是处于市场领先地位的品牌,如自主汽车品牌中的吉利,就要代言主流文化,如吉利代表民族汽车参与世界汽车标准的制定。

如果是处于非头部地位的企业,就可以代言亚文化。例如乔布斯对苹果电脑的定位,就是成为打破IBM垄断者地位的挑战者。大众汽车在20世纪70年代代言了亚文化。当时的美国主流文化倡导提前消费,人们用更大更贵的车体现社会地位,以通用、福特和克莱斯勒为代表的美国汽车宣扬自己先进的技术、奢侈的内饰、豪华的外形设计。汽车公司引导当时的美国人用汽车来显示社会地位:董事长开凯迪拉克,经理人开别克,上班族开雪佛兰。如果你想知道自己的邻居赚多少钱,看看他的车就行了。

有主流文化,就有亚文化。刚开始工作的年轻人是买不起凯迪拉克的。对这些人来说,一些人会节衣缩食或者借钱买,也有人会反感,这种文化趋向让他们买便宜车的时候要承担很多心理压力。大众汽车意识到了这个文化冲突,于是它的品牌主张变成了:买小型车是精明而有独立思考的表现,你不是那种被市场营销手段轻易影响的对象。对于市场上鼓吹的观念,你完全可以置之不理,这才是你的个性。你对社会潮流和自我定义有独到的见解,你是有智慧和创新精神的人。总之,就是与大汽车公司宣扬的主流文化形成差异(见图9-7)。

在广告设计上,大众甲壳虫也和主流汽车广告风格相对:多数公司广告是彩色的,尽力体现出时尚感,大众的广告则是

图9-7 甲壳虫的文化偶像模型

简洁的黑白两色；很多公司追求在广告中加入奢华、时尚的画面，大众有一则只有一个画面的广告：司机在暴风雨天气下开着甲壳虫艰难前行，以此来展示甲壳虫的优越性能。

大众甲壳虫适时地成为这场亚文化潮流的一部分，它在广告和公关中声援亚文化的观点，并引导顾客相信它是亚文化的代言人。

现阶段的中国企业大多数还处于迷恋实体产品的阶段，对认知层面的产品并不重视，也缺少相应的知识。

让品牌成为文化偶像是创业者的终极梦想。在完成第一阶段的任务之后，品牌要关注社会潮流，尤其是品牌的核心人群和其他人群的观念冲突，并恰当顺应和扭转这种观念冲突。品牌一方面要成为现有核心人群的代言人，另一方面也要不断开发新人群。

CHAPTER 10

第十章

打 造 爆 款

第一节 极简定位四步

极简的东西总是受欢迎的,它给人一种可以快速成功的错觉。

既然定位理论认为心智厌恶复杂、喜爱简单,认为品牌要把自己浓缩为一个简单的概念植入到顾客认知中,那么传播定位理论也要遵循这样的原则。

极简的东西也有一个显而易见的坏处,它有时简化了复杂的事实,远离了真实的世界。消费者或许会喜欢简单的概念,但是作为创业者却不能仅仅这样做。反之亦然,如果你习惯于毫不费力地吸收简单的概念,那就说明你只是一个消费者。只有当你愿意进入真实世界,从复杂的现实中提炼出简单的概念的时候,你才是一个创业者。极简定位四步如图10-1所示。

图 10-1　极简定位四步

明确竞争对手

这是第一步，也是最难的一步。因为很多时候我们并不知道自己的竞争对手是谁。

对于冲饮奶茶代表品牌香飘飘来说，它曾经的竞争对手是优乐美。但是取代冲饮奶茶的，是现制水果茶这个品类。在现制水果茶取代冲饮奶茶成为首选之后，香飘飘也就退出主流视野了。

还有一个案例是哈弗汽车。从 2008 年到 2019 年，中国 SUV 车型市场占比从 10% 扩大到 43.7%，哈弗汽车带动母公司长城汽车从百亿销售额跃升千亿体量。2008 年前后，比亚迪量产了插电混合动力车型比亚迪 F3DM，特斯拉推出自己的首款电动车 Roadster1。面对新的竞争对手，哈弗汽车并没有进行战略转型，直至 2016 年哈弗汽车依然认为电动汽车能否节能减排还有待考验，"长城只做新能源行业的追随者"。

打败香飘飘和哈弗汽车的是时代趋势，它们都没有及时调整自己设定的竞争对手。

对于妙可蓝多来说，它的竞争对手是谁？很多人会不假思索地认为是其他的奶酪品牌。但是妙可蓝多并没有这样做，而是把自己的竞争对手设定为其他的儿童零食品牌，把自己定义为健康儿童零食。

对于王老吉来说，它早期的竞争对手是其他的凉茶品牌。在它将自己重新定位为休闲饮料，并把可口可乐当作竞争对手之后，业务才迎来了爆发式的增长。

对于小型按摩器品牌倍轻松来说，它一度认为自己的竞争对手是其他的同类小家电。在咨询公司的帮助下，倍轻松意识到：顾客要消除肩颈、头、腰部位的不适，会在按摩店、按摩椅和便携按摩器之间做选择。它真正的竞争对手是并不便携的按摩店和按摩椅。

找到固有弱点

和其正定义自己为新一代凉茶，这显然是在对标王老吉。但这并不是王老吉的固有弱点，王老吉进入主流视野也才十几年，还远远没有成为"上一代"凉茶。

竞争对手常常有很多弱点，并不是每个弱点都能成为挑战者的机会。微信作为头部社交软件，它的弱点之一是不够简洁，有很多附带的功能，如打车、网购，朋友圈里还会出现广告。但这并不意味着一个没有广告的社交软件就能取代微信。

排队时间久看似是海底捞的弱点，但是打造一家"不排队的火锅品牌"并不是一个好选择。

对于娃哈哈来说，别的纯净水品牌很难战胜它。因为娃哈哈拥有很强渠道优势、资金优势，它随时可以复制挑战者的战术。正确的做法是瞄准纯净水的固有弱点"太过纯净，不含有矿物质"去寻找新的突破点。

寻求可靠证明

有些企业喜欢用行业领跑者来描述自己，因为成为行业领跑者是企业的愿景。但是愿景不是战略，顾客不会因为企业的愿景而购买你的产品，因为这不是事实。

什么是可靠证明？雅迪2022年总销量达到1401万台，已经实现了连续6年销量第一，这样的企业称为领跑者是有可靠证明的。安徽省肥西县的招商广告"安徽首个千亿县"也是可靠证明。

从寻找固有弱点的角度看，肥西县也做得很到位：和其他长三角地区周边的县城相比，肥西县是安徽省首个千亿县；和长三角地区相比，肥西县有政策红利；和其他千亿县相比，肥西县有区位优势。

对于三得利乌龙茶来说，原料来自福建省是一个可靠的品牌证明，因为日本顾客认为来自福建省的乌龙茶才是正宗的。但是当三得利乌龙茶进入中国市场的时候，这个可靠证明的存在感就打了折扣。因为对于中国顾客来说，福建省近在眼前，同质化的产品很多。

占据顾客心智

前三步完成之后，最关键的就是占据顾客心智。如果没有最后这一步，前面的工作将变得没有意义。

占据顾客心智有两个关键：第一个是根据品牌定位重塑内部组织，把定位执行到企业运营的方方面面；第二个是有足够的传播资源，向潜在顾客宣传自己的定位。

要做到第一个并不容易。以王老吉为例，在重新定位之前它是药饮，销售渠道是凉茶铺和药房，目标人群是中老年人，产品口味偏苦，产品形态是药包，产品功能是去火，竞争对手是其他药饮。在重新定位为饮料之后，销售渠道是超市和便利店，目标人群是中青年人，产品口味偏甜，产品形态是易拉罐，产品功能是预防上火，竞争对手是其他休闲饮料。这样的调整对企业的运营能力是巨大的挑战。它要求企业内部打破部门之间的壁垒，步伐一致、思想统一。它也要求企业以外部成果为目标，重新调整自己的绩效考核标准。

第二个难度小一点，更多在于资金的投入和声量的大小。如果资金不充裕，可以先打侧翼战，再打进攻战。

第二节　爆款开创

想开创爆款，应尽可能遵循这六个步骤：新趋势、新技术、新品类、新品牌、新产品和新对手（见图 10-2）。

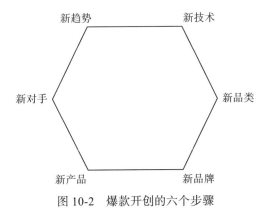

图 10-2　爆款开创的六个步骤

新趋势

对新趋势的洞察，常常是开创爆款的第一步。

不知道从什么时候起，在野餐时喝果酒成了新的潮流。这股潮流带动了帐篷、佐餐酒、充电宝等品类的繁荣。在城市中产人群消费升级的背景下，新一代顾客也在形成新的饮食偏好。伴随着国家实力的升级，能够代言中国、承载民族情感的品牌会受到顾客关注，我们建议吉利定位于"民族汽车代表品牌"就是洞察到了这个趋势。

在前面我们提到过一些新的趋势，如区域品牌兴起、顾客主权放大、小众人群的小众品牌创立、超级电商平台的推动让高端细分品类更有机会等。空刻意面、每日黑巧、王小卤等品牌的出现，就是把握了电商平台的流量和城市中产人群消费升级的机会，而像茶颜悦色、灵芝妹子、麻爪爪等品牌，则是区域品牌兴起和顾客主权放大的红利。

新技术

科技创新是社会进步的原动力。货拉拉、贝壳买房、唯品会特卖等品牌，都受益于互联网技术的进步。快消品和服务业虽然不像汽车、飞机这种品类需要革命性的科技创新，但是科技创新和进步依然很重要。

速溶咖啡方便快捷，但是口感不如现磨咖啡好。现磨咖啡口感好，但是不够方便快捷。瑞幸试图用模式创新的方式解决这个问题，达到既方便快捷又好喝的目的。但是从制作完毕到送达，中间过去的二十分钟也会影响口感。

三顿半用技术创新解决了这个问题，传统的速溶咖啡需要用热水冲开之后搅拌，但是三顿半不需要搅拌，而且可以不用热水，三秒就可以速溶于水和奶，更重要的是保持了现磨咖啡的口味。这个创新源自咖啡的低温萃取技术和医疗行业中的冻干技术，三顿半把这些技术应用到速溶咖啡品类中，在去除咖啡水分的同时能够保持原有的风味，可以兼顾便捷和口感。

好喝的饮料通常含糖量高，低糖的饮料口味又比较平淡。消费者一方面享受糖分带来的快感，另一方面又因摄入热量陷入自责。元气森林通过技术创新解决了这个问题，用赤藓糖醇解决了好喝含糖量高、低糖不好喝的问题。

瑜伽裤需要兼顾透气性和吸汗性，但是透气性好就会透光，太厚又会影响透气性，看似矛盾，无法兼顾。瑜伽裤还需要手感好，但是手感好的面料难打理，不能机洗。手感好和容易打理看似是矛盾的、无法兼顾的。露露乐蒙通过技术创新解决了这些问题。

商业观察者吴伯凡说，创新就是搭一座不可能的桥梁。

智能手机出现之前，屏幕和键盘是两个部分，扩大键盘的面积就会挤占屏幕的面积，智能手机的出现使键盘和屏幕合为一体。

领克汽车上市后备受好评，一个重要的原因是它经常在各种评测中获奖。领克 01 在 2019 年被中国汽车技术研究中心授予"年度安全车"称号，领克车队在欧洲赛车比赛夺冠。支撑领克频频获奖、成为爆款的，是它背后的造车新技术。领克诞生于吉利的 CMA 造车平台，使用了沃尔沃的造车技术，在安全性、驾驶平稳性、低油耗、动力性等方面都处于世界领先位置。

新技术的应用还体现在传播技术上。完美日记、三顿半、花西子、王饱饱等品牌都很好地使用了新媒体，比竞争对手反应更快，抓住了弯道超车的机会。淘宝的崛起带动了御泥坊、阿芙精油、韩都衣舍、小狗电器等品牌，天猫也有意识地培养自己平台上的品牌，如三顿半、王饱饱、自嗨锅等。小红书的流量辅助了完美日记、元气森林等品牌的成长。

网红品牌为何发展如此迅猛？除了基础设施建设、完整工业链打下的基础之外，从信息传播角度看，新的流量平台的出现和壮大意味着大量的、真实的、廉价的流量。淘宝、抖音、拼多多、快手、小红书、微信、微博等传播平台带来流量已经不能被称为战术，它们已经升级为一种战略。

新品类

新品类要用新的品类名，第一个原因是要转化为认知能接受的概念。

火柴叫作"可划式硫化过氧化氢"；测谎仪叫作"心肺无意识手动描记器"；电脑叫作"电子数字积分计算器"……智能手机最初的名字是移动智能终端，又称个人数字助理。这都是认知中很难理解的品类名。例如，将"个人对个人的二手车交易平台"命名为"二手车直卖网"就更容易被理解，老板电器的集中式吸油烟机处理系统在被命名为"中央吸油烟机"之后，传播效率提高了很多。

品牌名要新奇有趣，品类名则要遵循简单直接的原则。

新品类要用新的品类名，第二个原因是要与原有品类产生区隔。

三顿半的品类名是精品速溶咖啡粉，但是这不够好，没有完整体现出它和传统速溶咖啡粉的最大区别。元气森林的品类名是无糖气泡水，无糖气泡水并非元气森林首创，但是元气森林的代糖特性没有通过品类名体现出来。

天鹅到家虽然在家政品类内竞争，但是它把自己的品类命名为"到家"而非"家政"，这样就避免了顾客把天鹅到家和其他家政公司放在一起比较。茅台曾经做过浓香型和清香型白酒，意识到不可能通过跟随他人获得成功之后，开创了酱香型白酒品类，通过做大自己的品类成为行业第一品牌。

老板电器意识到吸油烟机吸力大是特性优势之后，重新命名了一个新的品类：大吸力油烟机，和其他的吸油烟机产生了明显区隔。

如果差异化程度太低，顾客就很难选择新品类。所以我们在二元法则中强调，要站在竞争对手的对立面，形成二选一的效果。

新品牌

产品的品牌名就像人的姓名，需要有独特性才能被记住。

三顿半、元气森林、露露乐蒙，都是新的品牌名。如果用老品牌名代言新品类，消费者会觉得这是原有品牌的一个产品，而不是一个全新品牌。

事实上，新品类出现后，领导品牌的第一反应通常是上线同类产品，然后继续用原来的品牌代言。例如简一开创大理石瓷砖品类之后，其他瓷砖品牌也上线了同类瓷砖，但是没有启动新品牌。小仙炖开创鲜炖燕窝品类之后，燕之屋也上线了燕之屋鲜炖燕窝。这样的效果是顾客依然认为小鲜炖是鲜炖燕窝的专家品牌，燕之屋只是拥有鲜炖燕窝产品而已。

虽然启动新品牌看起来成本高、时间长，但是老品牌延伸成本更高。如果企业用原有品牌燕之屋来代言鲜炖燕窝，那么你需要先抹去顾客心中"燕之屋等于即食燕窝"的认知，再建立"燕之屋等于鲜炖燕窝"的认知。由于老品牌代言新品类有短期内效果，而建立新品牌需要时间和耐心，导致品牌延伸的现象总是出现。

由于顾客对 58 同城拥有强势认知，所以 58 到家知名度再高也只是 58 同城的一部分，而不是一个独立的品类。58 到家改名为天鹅到家，脱离了 58 同城的强势认知，还可以避免被顾客认为是 58 同城的内部功能。基于同样的理由，赶集好车改名为瓜子二手车直卖网，58 速运改名为快狗打车，阿里旅行改名为飞猪旅行……

海尔品牌曾饱受品牌延伸之苦，现在高端海尔电器叫卡萨帝，低端海尔电器叫统帅。领克这款车上市后备受好评，很多人觉得领克的品牌形象高于吉利的，因为吉利这个品牌在顾客认知中，是一个走亲民路线的形象。

新产品

产品设计也要遵循竞争原则。元气森林的白色外包装设计让它放在货架上时，会比其他饮料更容易被发现。如果元气森林是其他颜色，很容易会被淹没在花花绿绿的包装之中。

独特产品外形的标准之一是盖住 logo 也能辨认出来，博柏利的格子造型、阿迪达斯的三道杠、可口可乐的弧线瓶造型，都有这种效果。

新加坡科技创新公司将自己的产品命名为"硬盘 MP3"，外形也和传统 MP3 相似。但是 iPod 不仅重新定义了品类名，外形设计也和 MP3 有明显不同。

人生来喜欢新的东西，这让新品类和新品牌容易受到更多的关注。安德玛是从速干衣这个极其细分的品类成长起来的，露露乐蒙也是在耐克、安德玛、阿迪达斯没有重视的瑜伽裤品类找到了机会。

每个进入市场的品牌，都像挑战巨人歌利亚的大卫一样。不能在巨人的优势（身高、力量）上展开竞争，而是从巨人的弱势（反应慢、转身慢）和自己的优势（快速、灵活）处发起进攻：投石击中他的脑袋。

有一种商界的心灵鸡汤：只要用心做好产品，真心对用户好，就能获得商业上的成功,不需要关心竞争对手。成功人士总是说营销不重要,产品最重要,塑造自己产品主义者的形象。这种鸡汤本质上是一种营销方式,为了体现自己产品优质的特质。

产品当然很重要,强调竞争也不是要忽略顾客,但是沉迷于自身的产品主义,甚至假设市场上没有竞争对手的存在,这就非常偏颇了。

开创爆款的核心是创新。新品牌都是从边缘地带出现的,因为中心地带已经被领导品牌占据了。任何新事物都不是从中心地带出现的:从边缘地带入侵中心,然后成为新的中心,过段时间之后又有新的族群从边缘地带出现,再次占据主导地位。

总之,我们认为打造网红爆款要遵循新品牌的方法论,用新技术开创新品类,同时为品类命名,在新品牌的主导下获得原点人群的认同,最终走向中心成为大众流行。

新对手

品牌为何需要新的对手?因为新品牌不是在真空中打造的,你要面对诸多竞争对手。更重要的原因在认知端:潜在顾客不知道品牌是做什么的。品牌就要利用顾客已有认知,也就是潜在顾客对其他品牌的认知来告诉他们你的产品是什么。

魔爪功能饮料的渠道策略就是摆放在红牛旁边,而不是可口可乐旁边(虽然魔爪是可口可乐旗下的品牌)。因为潜在顾客要买功能饮料时的第一反应是去找红牛,这个时候看到魔爪摆放在红牛旁边,自然就知道魔爪是什么了。

七喜定位为不含咖啡因的可乐,旨在让潜在顾客意识到这是一种不含咖啡因的饮料,甚至比可乐更好。真功夫紧邻肯德基开店,定位"营养还是蒸的好",让潜在顾客意识到肯德基出售的是油炸食品不健康。真功夫敢于和知名品牌对标,潜在顾客会认为它应该也是不错的品牌。凉茶曾经是用于治疗上火的,王老吉将其重新定位为饮料之后,把可乐当作竞争对手，告诉潜在顾客王老吉和可乐一样清凉，还能预防上火。

站在竞争对手旁边，才能转化对手的势能。

第三节　爆款推出

聚焦原点人群

人群常常分为两个部分：一小部分人乐于尝试新事物、了解新观念，剩下的人跟随他们，前者就是品牌的原点人群。法国社会学家加布里埃尔·塔尔德在《模仿律》中说，一切社会行为都是人与人之间的相互模仿。模仿的规律是低势能的一方模仿高势能的一方：多数人模仿少数人，平民模仿贵族，穷人模仿富人，农村模仿城市，二线城市模仿一线城市。

品牌的推广关键也是找准自己的原点人群，不能大范围撒网。

聚焦原点市场

聚焦原点市场的原因和聚焦原点人群一样，都是因为高势能的市场可以带动低势能的市场。北上广深等一线城市常常是一线品牌首先要进入的市场。

稻米油在日本是食用油中的首选，在中国则不是。稻米油的推广首先选择了以上海为核心的华东市场，这里的潜在顾客由于出国旅行和出差较多，比其他顾客更了解稻米油的好处。华东市场的畅销又会带动稻米油在周边市场的销售。这就是选择聚焦原点市场的原因。王老吉聚集广东市场的餐饮渠道，史玉柱选择无锡作为保健品的测试市场，金六福选择郑州作为原点市场，都是这个原因。需要注意的是，不同的品类需要不同的原点市场，并不是所有的产品都适合从高势能市场开始测试，拼多多、华莱士就是从低势能市场起步的。

7-11早期创业时面临一个选择：是在100个城市各开1家店，还是在 1 个城市开 100 家店。7-11 选择了后者，因为聚焦在一个区域开店可以提高配送效率，在 1 个城市里送货比去 100 个城市送货要方便得多；可以降低管理成本，在 1 个城市里巡店也比去 100 个城市巡店开销更低。更高的配送效率和更低的管理成本，能让 7-11 为顾客提供性价比更高的产品和服务。对于零售业来说，性价比是不可模仿的竞争力。

新茶饮品牌茶颜悦色也是这样做的：它集中在长沙地区开了 200 多家店，并且聚焦在长沙的繁华商业街，很多门店间甚至相隔不到 100 米。茶颜悦色的区域聚焦首先保证了成本领先，让它能够以中档价位打造高档产品，其次获得了区域市场顾客的高度认同。

想要形成顾客对于新鲜事物的认同是需要时间的，需要多次的重复刺激才能形成。

老乡鸡在合肥开了 400 多家店之后才走出安徽，不只是为了赢得安徽市场的顾客认同，更重要的是把安徽市场打造成自己的战略根据地：在根据地市场可以充分试错、测试产品，在根据地外市场失败了也可以再回来。老乡鸡承受失败的能力很强，因为根据地市场可以源源不断地提供弹药，竞争对手也打不进来。相反，没有建立战略根据地的品牌，一方面没有稳定的弹药来源，另一方面也没法防御来自竞争品牌的进攻。

聚焦原点渠道

聚焦原点渠道的好处首先是节省费用。我在给新茶饮行业培训的时候，发现冰汤圆奶茶的渠道很有特点：依托火锅店发展，跟凉茶早期的渠道基本一样。于是我建议行业品牌在这个渠道发力，占据核心市场全部的火锅渠道，以新茶饮的品类优势抢占罐装凉茶的市场份额。

完美日记早期聚焦的渠道是小红书，三顿半早期聚焦的渠道是下厨房平台，御泥坊聚焦的渠道是淘宝。在这些渠道品牌快速增长的时候，流量成本并不高，平台也愿意支持自己渠道上的品牌，因为产品品牌成为爆款之后，也会带动渠道品牌的增长。

便利店在 2020 年出现了一波较大的增长，元气森林早早聚焦这个渠道，赚了一波流量红利。不过，在成为渠道头部品牌之后，流量费用也会提高。2007 年，淘宝单个流量的成本在 70 元左右，2012 年就涨到了 250 元，此时新品牌就要寻找新的流量平台，这也是拼多多能够出现并快速发展的原因之一。

聚焦原点渠道的第二个好处是可以形成固定人群的大范围曝光效果。固定渠道常常也是固定人群的选择，渠道品牌也有它的原点人群。利用好单一渠道，能够让品牌获得这部分人的好感。京东以经营电子产品起家，后又进军家电品类，先后和当当网、苏宁电器的交锋，让京东成为电子产品和家电产品的主要线上渠道。先锋电器主推的取暖器跟京东的品牌调性一致，就选择了京东商城作为自己的线上原点渠道。

三顿半、完美日记聚焦天猫渠道，每年"双十一"之后它们都会及时输出热销信息：某品类天猫销量第一。如果在多个电商平台铺开销售，不聚集一个平台，就难以达到这样的效果。

聚焦原点渠道的第三个好处是塑造品牌势能。燕麦奶在刚进入中国的时候，首先选择进入星巴克等精品咖啡店，以燕麦拿铁的形式出现，借助咖啡店的品牌形象进入大众市场。依云矿泉水刚进入中国的时候，选择了星巴克和五星级酒店作为原点渠道，一出手就建立了高端矿泉水的形象。如果二者一开始选择的渠道是平价小店，品牌势能就会差很多。

聚焦单一品项

品牌早期的目标是抢占心智，成为潜在顾客的品类首选，这个目标的优先度要大于盈利。王老吉用 10 年聚焦红罐凉茶，可口可乐用 45 年聚焦弧线瓶，罗振宇从 2012 年开始坚持每天发布 60 秒语音，雷军放着小米之家上百款产品不说只宣传小米手机，老板电器从不提其他厨房电器只宣传大吸力油烟机,这些都是为了用最短的时间进入心智,抢占心智。

单一品项能降低认知负担、传播成本和内部的管理成本。单一品项也是品牌的代表品项,把代表品项当作宣传的主角是性价比最高的传播方式。

聚焦功能性价值

品类推广初期,潜在顾客看重的是功能性价值。脑白金的初期推广就是以宣传"助睡眠、润肠道"的功能性价值为主,取得了巨大成功。同一个公司推出的黄金酒则没有聚焦功能性价值,过早明确礼品属性,没有复制脑白金的成功。

三得利乌龙茶推广初期聚焦辅助减肥的功能性价值。乌龙茶中的茶多酚能够抑制脂肪的吸收,乌龙茶因此成为女性用户的佐餐饮料首选。元气森林推广无糖气泡水,聚焦好喝不长肉的功能性价值,成为现象级的饮料品牌,带动了一大批无糖饮料品牌的出现。

百事可乐定位年轻的可乐,也有功能性的设计:百事可乐的含糖量更高,甜度比可口可乐高,更适合年轻人。

很多人说,从来没有看到可口可乐宣传它的功能性价值,相反它传播的是情感价值,所以聚焦功能性价值不可取。持有这种观点的人只看到了可口可乐畅销之后的做法,没有看到是什么原因导致其畅销的。

可口可乐诞生的1886年,美国正从农业国转型为工业国,生活节奏急剧变快,人们的工作压力变大,精神焦虑现象很普遍。市场上出现了很多饮品,都宣扬自己能够缓解抑郁、提神醒脑,可口可乐就是在这种环境下出现的。

为什么可口可乐能在众多的饮品中胜出呢?1886年亚特兰大颁布禁酒令,含有酒精的饮品也在被禁止的范围之内。彭伯顿改进了可乐的配方,去掉了可口可乐中的酒精成分,加入了蔗糖和苏打水,几乎保留了原来的口味。改造之后不含酒精的可口可乐，躲过了禁酒令的限制，含有酒精的饮品则在市场中消失了。那个年代的广告，都在强调功能性价值。

聚焦时间投入

品类推广需要耐心。在美国市场销售额达到一亿美元，红牛用了9年，微软用了10年，沃尔玛用了14年。我们常常看到一些品牌短时间内成为爆款，其实它们在进入大众视野之前，都蛰伏了很长时间修炼内功。元气森林的母公司还有上百款饮料在做市场测试，农夫山泉的母公司还有东方树叶、尖叫、农夫果园等品牌，老乡鸡在2020年成为全民话题之前，用了近10年的时间打磨产品。

品类增长需要时间也因为品牌团队需要锻炼，商业模式需要随着趋势调整。太快速的成功会放大品牌的缺点，也会放大品牌团队管理能力的短板。同一个公司出品的脑白金和黄金酒，前者是畅销几十年的产品，后者却几乎销声匿迹。关键因素是脑白金在正式上市之前，有足够的耐心教育顾客重视睡眠健康和肠道健康，等到人们对肠道问题和睡眠问题感到焦虑的时候，脑白金适时出现了。黄金酒则没有这个耐心，上来就主打礼品诉求，省去了教育顾客的时间。与其直接用广告轰炸，公关启动的方式需要更多耐心，效果也更好。相比黄金酒的急切，脑白金通过报纸输出软文的做法更有效。

第四节　爆款长红

爆款长红模型可以结合品牌定位三叶草来看：认知端要保持认知领先，企业端要坚守品类、进化品类、分化品类，竞争端要引入竞争、做大品类（见图10-3）。

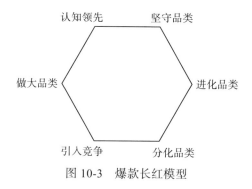

图 10-3　爆款长红模型

认知领先

开创爆款不等于能够长红,所以企业需要在认知层面保持领先。衡水老白干定位"不上头的白酒",虽然很多白酒品牌都有不上头的特性,但是衡水老白干把不上头作为战略推动。在飞鹤定位"更适合中国宝宝的奶粉"之前,贝因美已经建立了相关实验室,也在包装上注明了"国际品质,华人配方",但是并没有在心智中占据这个位置。方太电器定位"更适合中国厨房的高端厨电",但是并没有意识到中国厨房的特点是油烟大,油烟机才是关键。老板电器在方太电器的路线上推进了一步,聚焦吸油烟机的大吸力特性,并开创大吸力油烟机的新品类。

事实上的领先并不代表认知上的领先,认知上的领先却可以导致事实上的领先。开创品类只是事实上的领先,主导品类则是认知上的领先。

在认知中领先的重要条件是投入资金,这是国内品牌和国际品牌的认知距离。国内品牌常常认为资金投入是消费,而不是投资,所以在这方面常常做得不够彻底。投入的资金是品牌的一部分,顾客为品牌买单就是为你的资金投入买单。

从竞争端看,有足够量甚至超出必要的资金投入才能打退潜在竞争对手。宝洁每年在中国的广告投入就有十几亿元,宝洁利用广告抬高了竞争门槛,也提升了品牌在认知端的知名度。

坚守品类

如果农夫山泉不坚守天然水的品类，一会儿做纯净水一会儿做矿物质水，那么它的广告投入效果就会大打折扣，甚至清零，因为在它不坚守天然水品类的时候，就等于给潜在竞争对手机会进入这个品类。

品牌的竞争实际上是品类的竞争。茅台和五粮液的竞争，是酱香型白酒和浓香型白酒的竞争；iPhone和诺基亚的竞争，是智能手机和传统手机的竞争；小仙炖和燕之屋的竞争，是鲜炖燕窝和即食燕窝的竞争；农夫山泉和怡宝的竞争，是天然水和纯净水的竞争；老乡鸡和肯德基的竞争，是中式快餐和西式快餐的竞争。

这就要求品牌坚守品类，不要盲目延伸。洽洽在开创新鲜坚果品类之后，又延伸到早餐燕麦品类，这就给潜在竞争者提供了进入的机会。五粮液风行全国的时候，茅台也跟风出过浓香型白酒；茅台成为新一代国酒品牌之后，五粮液也出过酱香型白酒，一定程度上这都在损害品牌价值。

冷酸灵牙膏主打防止牙齿过敏，却要攻打高露洁的防止蛀牙市场，这就是按照对方的方式竞争。奥尼洗发水主打黑发，却要攻打飘柔的柔顺市场，这也是按照对方的方式竞争。

坚守品类的关键之一是坚守价格。

例如，宣酒找到"小窖酿造更绵柔"的定位之后，聚焦中档价位，为此砍掉了营收几千万元的业务。直至在中档白酒价位打造出爆款"红瓶宣酒"之后，才顺势推出更高价位的产品。

例如，飞鹤在2016年砍掉了低端大单品飞慧。飞慧系列能为飞鹤创造近5亿元的年收入，企业砍掉这个系列需要下很大决心。但是为了对战进口奶粉品牌，飞鹤必须走高端路线。在顾客感受端，只有舍弃低端产品才能建立高端形象；在企业运营端，需要聚焦资源才能在高端阵营竞争中占据优势。

进化品类

没有品类是完美的，品类领导者的责任就是不断推动品类进化。老板电器在开创大吸力油烟机之后，不断进化品类，到 2020 年已经推出了第四代大吸力油烟机。老板电器一方面不断引领行业升级，让更多同行进入品类，共同做大品类；另一方面提高准入门槛，加固自己的品牌护城河。

东阿阿胶重新定位为滋补品之后，启动了大量的公关推广和广告投入，体现在产品端就是不断提价，做大市场，吸引了同仁堂、宏济堂等企业进入阿胶品类，更是带动了整个行业的繁荣。

沃尔沃汽车定位为安全汽车，并不仅仅停留在传播层面的安全，而是在安全汽车的品类进化中不断投入。

1959 年沃尔沃发明了三点式安全带，又于 1964 年发明了兼顾安全与人体工程学的座椅。1967 年沃尔沃发明了全球第一款后向式儿童安全座椅，1998 年发明了头颈部安全保护系统，2002 年开发出了安全测试中模拟孕妇的假人，2012 年推出世界首创的"行人安全气囊"。

2020 年起，沃尔沃车型的最高速度将被限制在 180km/h。沃尔沃经过大量数据分析后发现：车速超过 180km/h 后，事故发生概率将呈指数级别攀升。在安全汽车品类上，沃尔沃的品类进化堪称典范。

分化品类

品类会进化也会分化，分化出来的小品类，在未来就可能成为大品类。例如智能手机就是从平板电脑分化而来，现在比平板电脑普及率更高。

鞋子一开始只是用于保护肢体，分化之后出现了跑鞋、篮球鞋、足球鞋、拖鞋、高跟鞋等。耐克以跑鞋起家，但是及时把握分化趋势，推出了篮球鞋、网球鞋等，甚至向阿迪达斯的足球装备发起了挑战。

品类必然分化，就像品类必然进化。如果品牌没有觉察到这个趋势，就会被新的品类取代。例如柯达没有意识到数码相机会取代胶卷相机，新品类兴起之后，柯达就没落了。

当然也有很多时候，颠覆者来自品类外部。例如手机的颠覆者来自电脑品类，今日头条也不是从纸媒品类进化来的，但是它们都颠覆了很多行业。这是品类理论的边界，尤其是在移动互联网行业，颠覆者很少来自品类内。

品类领导者不仅要觉察到进化和分化的趋势，更要主动促进这个趋势，通过不断的技术创新和知识进步，为商业社会创造更新、更便捷的产品。

很多时候，品类领导者可以进化品类，但是很难分化品类。例如海底捞可以在火锅品类不断进化，但是旋转小火锅、海鲜火锅、牛肉火锅等分化品类却很难触及，这也是后来者的机会。

引入竞争

品类内的竞争能够做大品类需求。因为品类领导者的竞争对手除了同品类品牌，还有其他品类品牌。对于阿胶来说，潜在顾客在选择滋补品时，阿胶、冬虫夏草、海参、鹿茸、人参等都是其选择的目标。对品类领导者东阿阿胶来说，首要任务是让潜在顾客选择阿胶，而不是其他品类。

品类内的竞争会让潜在顾客更加关注这个品类，例如百事可乐和可口可乐的竞争，让更多人关注可乐而不是其他饮料；青花郎和茅台的关联，让更多人关注酱香型白酒而不是其他香型的白酒；人人车和瓜子的竞争，让更多人知道二手车直卖网品类而不是其他品类。

当然这个竞争要以处于品类领导者的监控下为前提，适度的竞争可以推动品类发展，吸引更多的高消费能力的顾客选择头部品牌。例如王老吉和加多宝的凉茶竞争；东鹏特饮年销 50 亿元，争夺红牛的功能饮料市场；李宁、安踏在耐克的价格下限发展得很好，耐克也没有降价或者推出第二品牌挤压平价市场。

做大品类

　　引入竞争是做大品类的方式之一，领导品牌的责任是自己做大品类。因为品类繁荣之后，受益最多的就是领导品牌。少数人最终会变成多数人，这就是做大品类的思想。如果局限于某一人群，品类份额将天然受限。我们也可以将其理解为将侧翼战发展为进攻战，不断注入品牌势能。

　　当然，侧翼战要在足够狭窄的地带上开始，要有狭窄到足够守得住的阵地，先在聚焦市场赢得竞争，再逐步展开。

　　可口可乐重新定位为提神醒脑的饮料是它做大品类的第一步。在这个定位成功之后，可口可乐重新定位为全球最时尚的饮料，在美国之外的市场开疆拓土。

　　王老吉的策略也是如此，重新定位为预防上火的饮料，在中国市场中罐装饮料销量超过可口可乐之后，重新定位为民族饮料第一罐，试图引起更大范围的消费尝试。

　　大多数主流的品牌最初都是从边缘出发的，成为主流是品类做大的结果，也是企业家精神的体现。

POSTSCRIPT
后记

定位理论的体系化、中国化和世界化

定位理论需要体系化。

改变世界的行动需要体系化的知识,否则就难以形成一致、协同和连贯的行动,所以"武器的批判"也需要"批判的武器"。

定位理论已经显著地影响了企业家们的头脑,但是定位理论本身还没有成为体系化的理论。

这里有历史的原因:两位定位之父各有建树,学习者无法兼容;也有现实的困境,几大定位咨询公司各有观点,旁观者很难厘清,还有宵小的扰乱、浑水摸鱼者的"发明",人为制造了许多迷障。

以上种种原因都加剧了定位理论的碎片化,阻碍了它的体系化。《品牌定位通识》则开启了定位理论体系化的尝试,试图降低定位理论学习的难度。或许可以让你"一看就懂、一用就会"。

定位理论还需要中国化。

中国文化的实用理性精神，可以让我们在科技应用层面远超欧美。中华文明、源远流长，长久以来对世界产生了广泛的影响，或许我们可以得出这样的结论：中国化之后的思想，更容易世界化。

实用理性改造之后的理论和思想，更加贴近现实生活，更有烟火气味，而不是停在不近人情的纯粹理性世界。

我们完全有理由相信，中国化之后的定位理论，更容易世界化。